주식 부자의 슈퍼 멘탈

일러두기

- 본문의 주석은 역자가 작성했습니다.
- 독자의 이해를 돕기 위해 일본 화폐 단위인 '엔'을 '원'으로 환산하여 기재
  했습니다.(100엔=1,000원 기준)

상승장의 욕심과 하락장의 불안을 이겨내는
부자들의 투자 원칙

주식 부자의
슈퍼 멘탈

가미오카 마사아키 지음

장은주 옮김

어들링북스

나는 주식 멘탈로
50억 원을 벌었다

투자 결과는 투자가의 멘탈에 달렸다

처음부터 딱 잘라 말하겠다.

주식 투자에서 승자와 패자를 가르는 것은 당신의 심리 상태다.

심리 상태는 테크니컬 분석이나 펀더멘탈 분석 이상으로 중요하다. 따라서 주식 투자가라면 항상 멘탈 상태를 확인하여 바르게 자산을 운용해야 한다.

이것이 이 책의 주제다.

다음의 투자 심리 중에서 당신에게 해당되는 것이 있다면 체크박스에 표시하라.

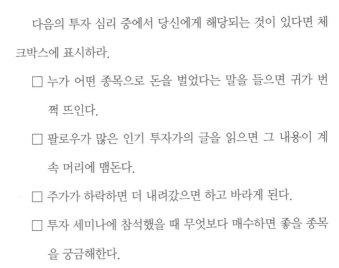

☐ 누가 어떤 종목으로 돈을 벌었다는 말을 들으면 귀가 번쩍 뜨인다.

☐ 팔로우가 많은 인기 투자가의 글을 읽으면 그 내용이 계속 머리에 맴돈다.

☐ 주가가 하락하면 더 내려갔으면 하고 바라게 된다.

☐ 투자 세미나에 참석했을 때 무엇보다 매수하면 좋을 종목을 궁금해한다.

☐ SNS에서 추천 종목 정보를 접하면 당장 사고 싶어진다.

당신은 이 중 해당 사항이 몇 가지나 있는가?

사실 이것들은 모두 주식 투자에서 실패하는 사람들의 멘탈이다. 제아무리 재무제표나 차트 분석에 뛰어나도 이런 멘탈로는 주식 투자에서 절대로 성공하기 힘들다.

바꾸어 말해 **불패 행진을 하는 주식 투자가들의 공통된 멘탈을 분석하면 실패하지 않는 방향을 알 수 있다. 나아가 주가가 폭락할 때를 대비할 수 있을뿐더러 실패도 면할 수 있다.**

주식 멘탈은 주식 투자를
성공으로 이끄는 안내자

이처럼 성공적인 투자가가 갖춘 마음을 이 책에서는 '주식 멘탈'이라고 정의하겠다. 그리고 주식 멘탈은 관리해야 한다. 지난 23년 동안 투자가로서 50억 원의 자산을 만들었으며, 대학 겸임교수로서 뇌과학자로서 많은 연구를 하고 논문을 집필한 내가 내린 나름의 결론이다.

또한 나는 투자 유튜버로 활동하고 있는데 구독자가 20만 명에 이르는 내 채널에는 매일 투자 관련 고민과 질문이 쏟아진다. 그것들을 분석한 결과, 대부분의 사람이 투자에서 가장 중요한 사실을 놓치고 있음을 깨달았다. 이를 계기로 나는 투자가의 심리에 대해 연구하게 되었고 그 성과를 집대성한 책이 바로 《주식 부자의 슈퍼 멘탈》이다.

불확실한 시장에서 투자에 성공하려면 일관성을 지녀야 한다. 이 역상관 관계가 투자가를 성공의 길로 이끈다. 시장은 무질서하고 불확실하여 롤러 코스트처럼 요동쳐 투자가를 흔들어 떨어뜨리려 한다. 그때마다 투자가의 마음속에서는 주저, 갈등, 공포, 욕망 그리고 과신이 꿈틀댄다.

이런 심리 상태에 지배당하고 있다면 차트를 이용한 테크니컬 분석이나 기업 실적에 따른 펀더멘탈 분석을 해도 큰 효과를 기대하기는 어렵다. 성공적인 투자로 향하는 바람직한 심리 상태를 유지하지 못하면 자산이 늘기는커녕 점점 줄어드는 게 시장의 법칙이다.

포인트 ①

주식 투자에서 승패를 가르는 것은 심리

실제로 내가 자산 50억 원의 벽을 뛰어넘을 수 있었던 것도 승자의 주식 멘탈을 손에 넣었기 때문이다. 나 역시 그 전까지는 고전을 면치 못했다. 투자에 실패하고 두 번이나 증거금 부족으로 시장에서 퇴출당할 뻔했다.

나는 투자에서 성공하는 것과 멘탈은 전혀 상관없다고 생각하는 부류였는데 그것은 완전한 오해였다.

내가 본격적으로 주식 투자에 뛰어든 것은 고이즈미 정권 당시 버블이 한창이던 2003년이다. 신중했던 나도 그때는 욕망을 억누르지 못한 탓에 리스크 허용치를 넘는 레버리지를 걸고 세 배의 신용 거래로 주식을 사 모았다. 게다가 몇몇 종목은 미수 거래*(절대 해서는 안 되는 짓이었다) 상태였다. 2년 뒤 투자 초기의 종잣돈 수천만 원은 1억 5천만 원 이상으로 불어났다.

하지만 열기에 휩싸였던 주식 시장이 서서히 식기 시작했다. 서브프라임 쇼크, 리먼 쇼크, 동일본대지진의 여파로 세 번의 대폭락을 겪으며 나는 두 번이나 증거금 부족으로 주식 시장에서 퇴출 직전까지 몰렸다. 주식 호황의 기쁨에 취해 있던 것도 잠시, 나는 '주식 투자 같은 걸 왜 했을까…'라며 뒤늦게 후회했다.

그 후 마음을 비우고 시장을 면밀히 관찰하며 진지하게 주식 공부를 시작했다. **투자가는 공포뿐만 아니라 욕망도 철저히 다스려야 한다**는 중요한 사실을 깨달았기 때문이다.

이런 경험들을 바탕으로 이 책에서 소개하는 '주식 멘탈'이 태어났다.

---

*   주식 매수 시 전체 주식 매입 대금의 30퍼센트 이상의 증거금을 내고 주식을 외상으로 사는 제도.

이 책에서는 장기 투자에 성공한 상위 3퍼센트 투자가들의 공통된 멘탈을 소개한다. 그리고 내가 연구한 행동 경제학과 행동 금융학 지식도 담았다.

투자 과정에서 우리의 심리는 다섯 가지 감정에 수시로 점령당한다. 투자가라면 누구든 경험하는 매우 부정적인 감정이다.

- 주저: 지금, 이 순간 잘못된 트레이딩을 하고 있는 건 아닐까?
- 갈등(닥치지도 않은 리스크): 이러다가 기회를 놓쳐버리지는 않을까?
- 공포: 이대로는 크게 폭락하여 손해 보지 않을까?
- 욕망: 더 큰 리스크를 감수하면 더 빨리 돈을 벌 수 있지 않을까?
- 과신: 나는 똑똑하고, 지금까지 계속 성공적으로 투자해왔으니 앞으로도 실패할 리 없다.

상위 3퍼센트 투자가는 일단 이 다섯 가지 부정적 감정을 받아들이고 나서 시장에 바르게 접근할 수 있는지를 확인한다. 그런 뒤에 실행을 위한 시스템을 구축한다.

여기서 '그건 상위 3퍼센트 투자가니까 가능한 일이겠지'라고 생각하는 사람도 있을 수 있다. 하지만 절대 그렇지 않다. 이 시스템은 누구든 따라 할 수 있다.

그 과정에서 다음 3단계를 거치는 것은 필수다.

- 1단계: 주식 멘탈 관련 지식을 배운다.
- 2단계: 주식 멘탈을 내 것으로 만든다.
- 3단계: 주식 멘탈의 활용법을 마스터한다.

나는 이 책에서 이 3단계를 차근차근 안내하겠다.

부정적 감정 ①

주저

부정적 감정 ②

갈등

부정적 감정 ⑤

과신

주식 멘탈의 지식, 무기, 투자법을 갖춰라

이 책에서는 주식 멘탈의 지식, 무기, 투자법 등 세 가지를 동시에 연마하는 방법을 상세하게 다룬다.

- 1~2장: 기초 지식으로, 주식 투자에 성공하는 심리 상태를 유지하려면 구체적으로 어떻게 사고해야 하는지 정리했다.

- 3장: 주식 멘탈을 11가지 카테고리로 나누어 설명했다. 주식 시장이라는 전쟁에 나설 때 필요한 무기를 얻을 수 있을 것이다.

- 4~5장: 주식 멘탈을 활용하여 실제 투자에서 성공하는 노하우를 담아냈다.

- 특별 부록: 내가 50억 원을 벌기까지 도움된, 주식 멘탈을 바탕으로 한 트레이딩 투자법과 감정 관리 구조를 소개했다.

어떤가? 하나같이 성공적인 주식 투자를 위해 필요한

스킬 아닌가?

만일 당신이 투자 경험이 풍부하고 한시라도 빨리 핵심을 파악하고 싶다면, 3장에서 소개하는 11가지 주식 멘탈만 공부해도 상관없다. 나머지 장은 나중에 실전 트레이딩을 할 때 바이블처럼 차근차근 읽어나가면 된다. 그것만으로도 자신의 심리 상태를 최상으로 만들어 투자 승률을 지금보다 수십 배 높일 수 있으리라 확신한다.

반면 투자 경험이 짧은 초보자는 이 책을 한 번 읽어서는 바로 이해하기 어려울지도 모른다. 하지만 여러 번 다시 읽으면 그 비법을 터득할 수 있을 것이다. 상위 3퍼센트 주식 부자의 주식 멘탈을 확실히 자신의 것으로 만들 때까지 이 책을 항상 곁에 두고 틈날 때마다 읽기 바란다.

그럼 이만 본론으로 들어가겠다.

CONTENTS

CHAPTER 1
상위 3퍼센트 주식 부자의 특별한 멘탈

CHAPTER 2
왜 주식 투자가의 90퍼센트는 실패할까?

CHAPTER 3
행동 경제학이 알려주는 주식 멘탈 무기

CHAPTER 4
상위 3퍼센트 주식 부자의 마인드셋

CHAPTER 5
실전에서 통하는 주식 멘탈 투자법

CHAPTER 1

:

상위 3퍼센트 주식 부자의
특별한 멘탈

바닥에서 발견한 주식 멘탈로
다시 일어서다

내가 본격적으로 주식 투자를 시작한 것은 2003년 고이즈미 정권 시기다. 당시 일본에서는 IT 버블에 노동자 파견법 개정, 거래 수수료가 저렴한 인터넷 증권사의 탄생 등 여러 변화가 일어났고, 1988년 이래 주식 투자의 최고 황금기였다.

국책으로 이목을 끈 종목을 사면 다음 날 시장이 폭등하는 순조로운 흐름 속에서 나는 순풍에 돛을 단 듯 자산을 불렸다. 투자를 시작하고 정신없이 2년이 흘렀을 즈음에는 수천만 원이었던 자산이 1억 5천만 원을 넘어섰다.

'투자란 게 별것 아니군!'

'이대로라면 10년 내 자산 10억 원은 무난하겠는데.'

내가 휴일이면 카페에 앉아 증권 계좌를 보며 이런저런 망상에 잠겨 싱글벙글했던 것도 그 무렵이다. 곧 악몽이 닥쳐오리라는 사실은 꿈에도 모른 채 말이다.

주식으로 벼락 부자가 되었다가 대폭락으로 추락하다

그러다 서브프라임 쇼크가 일어나 미국 주식이 폭락하는 첫 방아쇠가 당겨졌다. 곧이어 고이즈미 정권이 만든 유례없는 주식 버블은 폭삭 가라앉았다.

불행하게도 나는 강력한 상승장밖에 알지 못했다. 하락장에서 어떻게 대처해야 할지 완전히 무지했다. 그런데도 급락장이야말로 절호의 매수 타이밍이라고 판단하여 스스로가 리스크를 어디까지 감당할 수 있는지조차 고려하지 않고 무서운 기세로 주식을 사들였다. 1억 5천만 원의 자금으로는 부족했다. 그래서 장이 열리기가 무섭게 신용 거래로 한도까지 사늘였다.

나는 2년 만에 자산을 다섯 배로 늘렸기에 자신감이 있었다. 스스로 실력을 과신한다고 여기지 않았다.

이상한 낌새를 느낀 것은 큰 리바운드가 무너져 니케이 평균 주가가 12만 원에 진입했을 때다. 뜨거웠던 시장도 그 무렵부터 손바닥 뒤집히듯 비관적인 분위기로 도배되었다.

이어서 유명 미국 투자 은행 리먼브라더스가 파산하자 "100년에 한 번 올 행운이 왔다!", "블랙 먼데이를 뛰어넘는 대폭락장", "니케이 평균 주가 5만 원도 가능" 등의 오히려 이 상황을 반기는 것 같은 뉴스가 인터넷에 넘쳐 났다.

고난은 이게 끝이 아니었다. 동일본대지진이 엄습했다. 재해를 입은 일본의 주가는 침체의 늪에 빠졌고 니케이 평균 주가는 8만 원을 밑돌기 시작했다.

당연히 내가 보유한 주식이 무사할 리 없었다. 신용 거래의 신용 보증 한도를 넘어 두 번이나 증거금 부족 사태를 맞았다. 온갖 수단을 동원하여 자금 2천만 원을 조달했다. 당시는 손절할 생각조차 못 하고 그저 하루하루를 두려움에 떨며 시간만 보냈다.

주가는 계속 하락하여 마침내 7만 원대에 돌입했다. 미실현 이익은 전부 마이너스로 바뀌었다. 1억 5천만 원에 달했던 미실현 이익은 4천만 원까지 줄었다. 또한 신용 거래로 8천만 원 가까운 미실현 손실이 있었다. 어떻게든 반대 매매만큼은 피하려고 자금을 투입했지만 밑 빠진 독에 물 붓기였다.

주식 호황으로 들떴었던 나는 '주식 투자 같은 건 괜히 했다'며 거듭 후회했다. 비슷한 시기에 주식을 시작한 투자가들도 퇴출당하거나 강제 손절로 자산을 크게 잃었다.

이때 내가 아슬아슬하게 퇴출을 면했던 것은 그저 행운이었다고밖에 말할 수 없다. 정말 뚜렷한 이유가 없었다.

- 어쩌다 매수한 몇몇 종목이 다른 종목보다 잘 버텨주었다.
- 어쩌다 강제 손절을 당하기 직전에 니케이 평균 주가가 반등했다.
- 어쩌다 2천만 원의 현금을 조달하여 입금했다.

모든 것은 '이찌다'였다. 즉, 나는 운이 좋아 살아남았다.

자신의 감정과 마주해야
투자가로 성공 가능

나는 주식 투자가 절대 만만하지 않음을 뼈저리게 느꼈다. 그래서 주식 시장에 눌러앉아 한 번 더 원점으로 돌아가 시장을 읽으며 진지하게 주식 공부를 시작했다.

먼저 대형 도서관에 가서 주식 투자 책을 손에 잡히는 대로 읽었다. 독파한 책이 100권은 넘었다. 해볼 만한 투자법은 노트에 메모한 뒤 실제로 시도하여 시행착오를 겪으면서 나름의 성공 패턴을 찾고자 노력했다.

드디어 수긍할 만한 성공 패턴을 얻게 된 요인으로는 두 가지를 들 수 있다.

첫째, 투자와 정면으로 마주하여 꾸준히 공부한 결과, 멘탈이 안정되었다. 뇌과학 분야에서 보면 학습에는 몇 가지 효과가 있다. 그중 하나가 지식이나 응용력이 늘면 앞으로의 패턴을 읽기가 쉽다는 것이다. 심적 불안은 미래를 알 수 없는 상태에서 일어난다. 프로 스포츠 선수나 바둑 기사가 아마추어보다 적확한 판단을 내릴 수 있는 이유는 매일 훈련을 통해 여러 패턴을 반복적으로 습득하기 때문이다. 학습으로 이전 패턴을 숙지하면 어떤 상황에서든 적확한 판단이 가능하다. 그것이 성공적인 투자를 보장하지는 않지만 멘탈은 급격히 안정된다.

둘째, 시장에 대한 사고방식이 크게 바뀌었다. 그때까지 나는 투자에서 성공하기 위해 항상 상대(시장)에 맞추는 트레이딩을 했다. 상대가 급등하면 흥분하고 급락하면 비관하는 식으로 시장에 나를 맞추었다. 그러나 주식 투자에 성공하게 되면서부터는 달라졌다. 오히려 내 트레이딩 기법이나 감정, 사고방식, 시간적 척도에 시장을 맞추었다.

여기서 당신은 '뭐야, 당연한 거 아냐!'라고 생각할지도 모른다. 하지만 이것은 성공적인 투자를 위한 매우 중요한 원리다.

그때까지의 나는 상대(시장)밖에 보지 않았다. 실제로 주식 투자를 하려면 두 가지 존재가 필요한데도 말이다. 그것은 시장과 짝을 이룰 당신, 즉 트레이더의 존재다. 시장은 칭칭 당신이 있기에 존재한다. 당신이 없다면 존재할 수 없다.

오늘부터 당신이 주식 투자에 관심을 끊는다면 시장은 당신의 인생에서 완전히 소멸해버린다. 모든 것은 당신의 의사에 달렸고, 시장은 당신의 감정을 중심으로 돌아간다.

나는 시장과 상대하는 나라는 존재야말로 승패를 가르는 가장 큰 요인임을 깨닫고 자신에게로 관심을 돌렸다.

'시장이 어떠해야 하는지가 아니라 내가 어떠해야 하는지가 중요하다.'

이렇게 태어난 것이 지금부터 소개하는 주식 멘탈이다.

시장은 논리대로
움직이지 않는 연애 상대

대부분의 사람들은 성공적으로 주식 투자를 하려면 펀더멘탈 분석이나 테크니컬 분석이 중요하다고 한다. 하지만 내 의견은 다르다.

시장은 사람들의 군중 심리가 움직이는 세계다. 따라서 심리적인 면이 매우 중요하다. 주가를 결정하는 것은 합리적 수치나 판단을 무시한 감정적인 요소라고도 할 수 있다.

시장은 논리만으로 움직이지 않는다. 그 점만 본다면 마치 연애 상대와 같다. 그렇다면 펀더멘탈 분석과 테크니컬 분석을 어떻게 활용하면 좋을까?

펀더멘탈 분석:
재무제표와 실적으로 주가 예측

펀더멘탈 분석이란 기업의 재무제표나 실적을 바탕으로 견실성이나 장래성을 분석하여 주가가 높은지 혹은 낮은지를 판단하는 방법이다. 예를 들어 어떤 기업의 주식을 분석하니 장래성이 좋아서 실적에 걸맞은 주가까지 갈 수 있다는 결과가 나왔다. 그렇다면 저평가된 지금이 매수 타이밍이라는 식이다.

이 분석법은 어떤 의미에서는 맞고 어떤 의미에서는 맞지 않는다. 시장은 사람의 논리적 판단을 무시한 감정 그 자체가 고스란히 표출되어 형성된 곳이기 때문이다.

논리적이지 않은 복잡한 요소가 얽혀 시세를 형성하고

가격을 움직인다. 따라서 나는 펀더멘탈 분석이 중요하지만, 그것만으로는 부족하다고 생각한다.

테크니컬 분석:
사람 심리가 반영된 차트로 주가 예측

그렇다면 차트나 지수로 판단하는 테크니컬 분석은 어떤가? 테크니컬 분석도 완벽하지 않다. 내가 보았을 때 테크니컬 분석은 시장에 참가한 사람들의 심리를 지수화한 뒤 몇 가지 패턴으로 적절히 분류하여 활용하는 방법이다.

주가가 정해지기까지 시장에 참가한 사람들에게는 어떤 일정한 심리적 경향이 나타나는데, 그것이 커지면 하나의 특징적인 트렌드로 표출된다. 학창 시절 시험을 앞두고 과거 기출 문제를 풀었던 것도 같은 원리다. 학생은 과거 패턴을 바탕으로 문제 출제자의 심리를 간파하여 앞으로 치를 시험 문제를 예측한다.

과거와 같은 패턴이 나오면 앞으로 이렇게 되고, 그다음은 이렇게 되리라고 대략적으로 짐작하는 것이 테크니

차트는 투자가의 심리를 나타낸다.

과거 패턴에서 앞으로의 트렌드를 판단한다!

컬 분석의 정체다. 이 분석법에서 차트는 사람의 심리, 바로 그 자체다.

　그러나 현실적으로 상대 강도 지수Relative Strength Index, RSI, 이동 평균선이나 지지선 등 테크니컬 지수만으로 투자하는 프로 투자가는 극히 소수다. 나도 그렇지만, 기본적으로는 시황이나 상황에 맞추어 강하게 나타나는 특징들을 조합하여 앞으로의 트렌드를 판단한다.

주식 멘탈이 내 것이 되어야
투자가로 성공할 수 있다

흔히 개인 투자가의 약 90퍼센트가 주식 투자에 실패한다고 한다. 펀더멘탈 분석이나 테크니컬 분석을 이론대로 적용했어도 돈을 벌었다는 사람이 거의 없는 게 현실이다.

그 이유는 뭘까? 그리고 나는 그 간극을 메우는 것이 주식 멘탈이라고 생각한다.

즉, 펀더멘탈 분석이나 테크니컬 분석으로 시장을 살폈을 때는 주가가 오를 것 같더라도 '바로 금융 위기가 닥칠지 몰라', '겁이 나니까 오르면 바로 팔아 현금화하자', '주가가 내려가기 시작했는데 괜찮을까?'라고 끊임없이 심리적 압박을 느끼는 투자가가 항상 존재하기 마련이다. 이들은 심리적 압박 때문에 분석 결과대로 움직이지 않는다. 뿐만 아니라 기관 투자가나 헤지 펀드 등의 헤지와 공매매가 더해져 차트는 예측 불가능한 움직임을 보인다.

성공 투자의 열쇠는
똑똑한 머리, 탁월한 분석력이 아니다

그렇다면 어떻게 해야 할까? 개인 투자가 중에 실제로 돈을 번 10퍼센트의 사람들, 그중 착실하게 자산을 불려온 것으로 분석되는 상위 3퍼센트 사람들은 과연 어떻게 꾸준히 투자에 성공할 수 있었을까? 그 이유를 알고 주식 멘탈을 손에 넣은 사람만이 성공한 투자가의 세계로 들어갈 수 있다.

결론을 미리 말하자면, 성공한 투자가의 세계로 들어가는 열쇠는 지성도 아니고 탁월한 분석력도 아니다. 사회적으로 이름이 알려진 똑똑한 사람 중에도 투자에 실패한 경우가 상당하다.

내 주위만 보아도 변호사나 의사, 베테랑 경영자 등이 투자에 손댔다가 많은 자금을 날렸다. '오히려 사회적 지위를 갖추고 성공한 사업가일수록 주식 투자에 실패하기 쉬운 건가'라는 생각이 들 정도다. 똑똑한 머리나 탁월한 분석력이 주식 투자에 성공하기 위한 절대 조건은 아니라는 말이다.

자신만의 원칙을 지켜내는 투자가가 승자

성공한 투자가의 세계로 문을 열고 들어간 사람들은 누구일까? 바로 과거 경험이나 실패를 바탕으로 독자적인 자신만의 원칙과 성공 패턴을 세우고, 자산을 바르게 운용하기 위한 규율과 집중력을 유지하며, 타인이나 미디어에 멘탈이 좌우되지 않는 사람들이다.

아직 이 책의 서두에 불과하지만 나는 핵심을 제시하겠다. 한시라도 빨리 투자에 성공해야 하지 않겠는가.

독자적인 자신만의 원칙이란 자신이 어떻게 트레이딩 해야 할지 명확한 기준이 있는 원칙을 말한다. 무엇보다 그 원칙을 지키고 집중력을 유지하려는 자세가 중요하다.

그래야 어떤 욕망에도 흔들리지 않고 두려움과 갈등이 있어도 담담하게 계속 트레이딩할 수 있다. 또한 실수했다는 것을 알았을 때 원칙대로 망설임 없이 손절도 할 수 있다.

머릿속에 수많은 물음표가 떠올라도 용기를 갖고 눈앞의 시장에 집중하며 자신만의 원칙대로 트레이딩할 수 있는 사람만이 투자에 성공할 수 있다. 그런 길로 가는 황금문을 열기 위해 우리 개인 투자가는 구체적으로 어떻게 해야 할까?

먼저 세 가지 원칙을 손에 넣어야 한다. 이어서 이 원칙들에 대해 다루겠다.

주식 투자의 리스크를 받아들인다

첫 번째 원칙은 리스크를 받아들이는 것이다. 이것이 손실을 고정비화해야 하는 이유다.

주식 투자를 하는 이상 리스크는 피할 수 없다. 그 점을 이해하고 사전에 어느 정도까지 리스크를 허용할지 정해둔다. 손실을 아예 고정비로 책정하는 것이다.

손실을 고정비화할 수 있다면, 주가가 생각지 않은 방향으로 움직여도 당황하지 않게 된다. 폭락장에서도 머릿속이 백지장처럼 되어 어쩔 줄 몰라 하거나 무턱대고 물타기를 시도할 필요가 없다. 그저 미리 정해놓은 손실액에

맞추어 다시 시나리오를 쓰면 되니까 말이다.

120번 경기를 치르는
프로 야구 감독처럼 투자한다면

내 예를 들면 반드시 복수의 종목에 분산 투자한다. 그때
는 6개월이 아닌 1년 후를 내다보고 최악의 경우 5천만 원
까지는 손해를 볼 수 있는 리스크를 감수한다. 그래도 전
체적으로는 연 1, 2회의 배당금을 포함하여 3억 원의 수익
을 올린다는 기대치가 있다. 그 리스크와 기대치 사이에서
내 마음을 잘 다스릴 수 있다면 그 종목은 매수해야 한다
고 판단한다.

이 이야기가 약간 어렵게 느껴진다면 프로 야구 페넌트 레이스Pennant Race를 떠올려보자. 프로 야구 감독은 한 경기 한 경기에 집중하면서, 실제로는 전체 120경기 이상의 페넌트 레이스에서 어떻게 순위를 올려 팀을 우승으로 이끌지 고민한다. 이때 모든 경기에서 반드시 이겨야 한다는 목표를 세울 필요는 없다.

사실 전 경기에서 승리하는 것은 불가능하기에 그런 목표를 세우는 것은 오히려 비효율적이다. 선수들이 무리하면 결국 몸이 망가져 승률을 떨어뜨리는 결과로 이어지기 십상이다. 따라서 일반적으로는 허용 범위에서 패하는 경기의 비율을 예측하고 리그 우승을 목표로 삼는다.

주식 투자도 프로 야구와 마찬가지다. 중장기 전략 시나리오를 짜고 매수 타이밍을 정해간다. 이때 패하는 시합(주식 투자로 치면 손실)은 허용해야 할 리스크가 된다.

주식 매수의 별칭은 '리스크 온'

내가 최악의 경우에 5천만 원의 손실을 전제로 3억 원의 기대치를 내다보고 트레이딩하는 것은 손실을 미리 고정비화하는 사고방식과 비슷하다. 원래 회사 경영에서는 이런 사고방식이 당연하다.

나는 20년 가까이 회사를 경영하고 있는데 인재 채용과 교육에 연간 약 1억 원 이상이 들어간다. 이 비용을 투자금이라고 보았을 때 1년 안에 회수하는 일이 드물다. 3년은 되어야 근근이 수지가 맞는다.

리스크와 리턴의 관계란 애초에 이렇다고 이해해야 한다. 그래야 주가의 급락이나 폭락에도 성공을 거둔 투자가처럼 멘탈을 무너뜨리지 않고 스스로 판단하여 차분하게 대처할 수 있다.

주식 매수를 다른 이름으로 '리스크 온Risk On'*이라고 한다. 그만큼 주식 투자를 하는 이상 리스크는 피할 수 없다. 그렇다면 리스크를 잘 운용하여 역발상의 시각을 갖는 것은 중요하다고 하겠다.

---

*   시장에 낙관적인 전망이 많아질 경우 리스크가 큰 자산에 자금을 투자하는 것.

주가는 반복된다는 것을 인정한다

두 번째 원칙은 주가는 끊임없이 올랐다 내렸다를 반복한다는 점을 인정하는 것이다. **꾸준히 경험을 쌓아 폭락장만이 아닌 폭등장에서도 자신의 심리 상태를 관리할 수 있도록 훈련한다. 폭락만이 아닌 폭등할 때의 멘탈 관리도 중요하다.**

경험을 쌓은 투자가는 어떤 일이 있든 냉정하다.

경험
경험
경험

보통 폭락이 일어나면 당황하고 공포에 질려 사고가 멈추기 쉽다. 때에 따라서는 투매하거나 더는 신경 쓰기 싫어 재빨리 손절한다. 그러니 폭락힐 내야발로 자신과 마주하고 철저히 멘탈을 관리하면서 냉정하게 투자에 대해 판단해야 한다.

주가가 폭등하면 성공이 아닌 실패의 서막이 오른다?

이와 비슷한 조언은 다른 주식 관련 책에서도 많이 접했을 것이다. 그럼에도 이 책에서도 거듭 강조하는 이유는 폭락만이 아닌 폭등도 눈여겨봐야 하기 때문이다.

'뭔 소리야? 폭등하면 좋은 거 아냐?'

'그럴 때 맘껏 즐겨보는 거지!'

어쩌면 당신은 속으로 이렇게 생각할지 모르겠다.

하지만 주가가 폭등하는 타이밍이야말로 실패의 서막이 오른다고 보아야 한다. 내 생각을 직설적으로 말하겠다. 기본적으로 주식 투자는 매수 타이밍만 제대로 잡아도 누구나 이기는 게임이다.

기업의 도산이 훤히 보이는 종목을 제외하고는 대부분

진자처럼 상승 트렌드와 하락 트렌드를 반복한다. 이 진자의 가장 끝인 최저가를 분석하여 매수하면 설령 하락장이라도 수익을 올릴 수 있다. 단, 이것은 프로 트레이너에게도 어려운 스킬이다.

주가에서 비롯되는
욕망도 공포도 다스려라

주가가 폭등하거나 연일 폭락하면 투자가는 덩달아 흥분하기 쉽다. 이런 경우 사람의 마음은 시시때때로 바뀌어 지금까지처럼 공포나 망설임이 아닌 욕망에 지배당한다.

주가가 폭등할 때는 초조해져서 빨리 사지 않으면 손해 볼 것 같은 감정에 지배당하기 일쑤다. 특히 자기가 찍은 종목이 급상승하면 가만히 두고 보기 힘들 만큼 조급해진다. 초보 투자가라면 갑자기 심장 박동이 빨라지거나 온몸의 피가 뜨겁게 돌았던 경험이 있지 않을까? 나 역시 초보 투자가 시절이 있었기에 누구보다 그 심정을 잘 안다. 이것이 공포의 정반대, 이른바 욕망에 지배당한 상태다.

한편 여기서 말하는 공포란 애초에 매수 포인트가 빗나간 종목을 갖고 있는 가운데 생긴 감정이다. 현재 보유분이 없거나 현금 보유율이 높은 상황이라면 오히려 폭락은 기회로 볼 수 있다.

닭이 먼저냐 달걀이 먼저냐의 논리겠지만, 욕망에 지배당한 폭등으로 마음을 제대로 제어할 수 없는 상태는 다음 공포를 낳는 원인이 될 수 있다. 이렇게 생각하면 자신을 다스리는 게 얼마나 중요한지 알 수 있다.

투자가의
행동 심리를 이해한다

세 번째 원칙은 투자가의 행동 심리를 이해하는 것이다. 특히 주식 투자에 실패하는 사람의 심리와 행동 패턴을 알아야 한다.

왜 많은 투자가가 애써 쌓은 수익을 유지하지 못할까? 아주 간단하게 설명하면, 욕심과 공포에 짓눌린 마음 탓에 원래라면 하지 않을 것을 하

자신을 이해하지 않고 흐름이나 분위기에 휩쓸리면 자산을 잃기 쉽다.

기 때문이다. 그 결과, 애써 번 돈을 잃어버리고 만다.

자신의 행동 패턴을 활용한다

투자는 자신만의 원칙을 루틴화하여 컨베이어 시스템 작업처럼 담담하게 실행하는 것이 바람직하다.

'지금 게시판에서 이 종목이 잘나가니 사자.'

'유명 블로거가 추천했으니 돈을 빌려서라도 사자.'

이런 들뜬 생각으로 거래하면 분명 자산을 크게 잃는다. 분위기나 흐름이 아닌 자기가 잘하는 행동 패턴에 따라 움직일 필요가 있다. 그 점을 명확히 인식하고 정해놓은 원칙을 루틴화하자. 이를테면 결산서를 잘 읽는 사람은 결산기에 집중하여 트레이딩하라는 말이다.

자신의 스타일을 확립했다면 흔들림 없이 계속 투자해나가라. 이 책을 통해 그런 각오를 다져라. 세상에는 쉽게 돈을 벌려는 투자가 많다. 그러나 현실적으로 정보 수집을 비롯하여 성가신 일을 하지 않고서는 성공하기 어렵다.

이 책에서는 그와 같은 실질적인 것을 다룬다. 항간에

넘쳐 나는 '편하게 돈 버는 방법'은 투자가로 성공하는 정반대의 행위다. 달콤한 말에 마음을 어지럽히지 말고 자신과 마주하면서 기본적인 마인드를 갖추도록 하자.

사실 주식에 열중하는 사람일수록 실패하기 쉬운 행동 패턴에 빠진 경우가 적지 않다. 다음 2장에서는 주가의 움직임에 따라 사람의 심리는 어떤 상태가 되고 어떤 행동을 하는지와 투자에 실패하는 사람의 심리적인 특징을 소개한다. 이런 특징을 숙지하면 성공적인 투자가의 길로 한 발 더 다가갈 수 있다.

보통 사람의 사고 vs
성공한 투자가의 사고

성공한 투자가는 공포와 욕망이 싹트는 투자가의 심리적인 약점을 어떻게 극복했을까? 자세한 내용은 3장에서 다루고, 우선 여기서는 20만 명의 투자가에게서 발견한 '성공한 투자가의 사고법'을 소개한다.

인간의 일반적인 사고법:
직관형 사고, 논리형 사고

우리는 '직관형 사고'와 '논리형 사고'의 두 가지 사고로 매

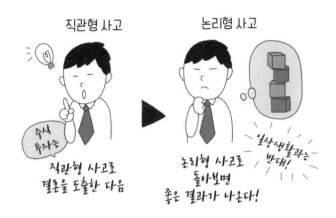

사를 분석하고 판단한다.

직관형 사고는 '직렬형 사고'라고도 불리며 과거의 경험을 바탕으로 본 대로 느낀 대로 직관적으로 판단하는 사고법이다. 즉각적으로 반응할 수는 있지만, 공포나 욕망 같은 부정적인 감정에 약한 특징이 있다.

원래 아프리카 사바나에서 태어난 인간의 선조는 한순간의 판단이 생사를 가르는 일상에서 필사적으로 살아남아야 했다. 허공이나 바위 뒤에서 갑자기 덮쳐 오는 천적과의 조우나 적의 습격으로부터 몸을 보호하기 위해 인간이 진화 과정에서 얻은 사고법이 바로 직관형 사고다.

그리고 인간은 진화 과정에서 또 하나의 사고 시스템을 손에 넣었는데, 바로 '병렬형 사고'라고도 불리는 논리형 사고다. 알기 쉽게 설명하면, 장난감 블록을 쌓아 올리듯이 생각하는 연산적 사고법이다. 가로세로를 따져가며 생각하므로 그 과정에서 직관형보다 시간이 걸린다. 한편 깊게 검토했기에 선택지의 폭이 넓어지거나 다방면에서 논리적인 답을 도출할 수 있다.

성공한 투자가의 사고법은 다르다

우리는 이처럼 두 가지 사고 시스템을 능숙하게 조합하여 다양한 상황에서 판단을 내린다.

내 경험에 따르면, **특히 주식 투자에서는 직관형 사고로 명확하게 결론에 이른 뒤 논리형 사고로 어떤지를 꼼꼼히 돌아보는 쪽이 좋은 결과를 낸다. 이것은 평소의 일상 생활에서와는 정반대의 뇌 사용법이다. 하지만 앞서 말했듯 주식 투자는 대중 심리와 반대로 갈수록 성공 가능성이 더 높다.**

직관에 따르는 사람과 같은 사고 패턴이나 행동을 갖고

있다면 성공하기 어려울 수밖에 없다. 논리형 사고로 심사숙고하여 결론을 도출하고 투자 중에 빠지기 쉬운 함정을 피해야 한다.

그 함정은 심리적인 덫이다. 이를 극복하려면 자신의 사고 패턴을 잘 알고, 두 가지 사고 시스템을 무기로 최대한 이용해야 한다. 이 점을 알고 있느냐 알지 못하느냐가 앞으로 큰 차이를 낳을 것이다. 그러려면 3장에서 다룰 행동 경제학과 행동 금융학의 각 요소와 특징을 파악해둘 필요가 있다.

CHAPTER 2

⋮

왜 주식 투자가의
90퍼센트는 실패할까?

성공을 부르는
투자가의 행동 패턴

이번 장에서는 주식 멘탈의 사고방식과 분석 방법을 통해 투자에서 열이면 열 손실을 보는 사람들의 행동 패턴에 대해 알아본다.

행동 경제학이나 행동 금융학 관점에서 상위 3퍼센트의 투자가들이 폭락장에서 어떤 행동을 취하는지에 대해 연구한 결과를 바탕으로, 성공적인 투자 경향과 대응책을 소개한다. 이것은 실제로 해외의 한 대학에서 연구한 데이터를 기반으로 한다.

또한 연구 대상이었던 투자가들은 주식 투자에서 억

대가 넘는 자산을 구축하거나 파이어Financial Independence, Retire Early, FIRE*를 이룬 이들이다. 한마디로 이 행동 패턴은 성공을 부르는 행동을 하는 사람들의 사고방식이 반영되었다고 하겠다. 이 사고방식만 알고 있어도 당신은 최소한 손실은 피할 수 있을 것이다.

투자가 심리 테스트:
나는 투자가로서 얼마나 자질이 있는가?

성공한 투자가의 사고방식을 소개하기 전에 투자가로서의 당신의 심리 상태를 테스트해보자. 열 개 질문으로 구성되어 있어 시간이 걸리겠지만 잘 살펴보기를 바란다.

질문 ① "이 투자는 반드시 성공할 거야", "꼭 돈을 벌게 해줄게"라는 말을 들었다면 당신은 어떻게 하겠는가?

투자 세계에서 "반드시 성공한다", "꼭 돈을 벌게 해준다"

---

* 일찍 재정적인 안정을 이룬 후 젊을 때 은퇴하고자 하는 새로운 생활 방식.

는 사람이 있다면 열이면 열 사기꾼이라고 보아도 좋다.

확실하게 돈을 버는 주식 투자법이란 이 세상에 존재하지 않는다. '반드시'라는 말도 금기어다. 아무리 베테랑 투자가라도 60~70퍼센트 승률이면 상당히 좋은 성적이다.

투자 세미나에서 "반드시 돈을 버는 방법"이라든지 "절대 실패하지 않는 타이밍"이라는 말을 들었다면 회원 가입이나 상품 강매를 하려는 꿍꿍이가 아닌지 의심해보아야 한다. 절대 손해나지 않는 투자법이 있다면 보통은 아무에게도 알려주지 않을 것이 아닌가.

질문② 팔로우 수가 10만 명에 이르는 인기 투자가가 "○○ 주식은 사야 한다"고 트위터에서 슬쩍 말을 흘렸다. 당신은 그 주식을 사겠는가?

스스로 생각하지 않는 사람은 계속해서 투자에 성공하기 어렵다. 전설적인 투자가 워런 버핏이나 일본의 금융 기업 SBI홀딩스의 기타오 요시다카北尾吉孝 사장 등 막대한 자산을 구축한 투자가들도 같은 취지의 말을 했다. 그만큼 스스로 생각하는 것은 성공한 투자가들의 공통점이라 할 수 있다.

실제로 인터넷이나 유튜브 정보를 무턱대고 받아들여

돈이 된다는 종목에 뛰어들거나, 유명 애널리스트가 샀다는 이유만으로 특정 주식을 매수하는 사람이 꽤 있다. 다양한 투자가나 애널리스트의 발언을 참고하는 것은 나쁘지 않지만, 마지막에는 역시 스스로 생각해야 한다. 그렇지 않으면 투자에 성공할 수 없다.

그 이유를 신랄하게 표현하면 주관 없이 남을 따라 하는 것은 '어리석은 자의 행위'이기 때문이다. 어리석은 사람이 누군가에게 동조하여 행동할 때, 똑똑한 사람은 이미 발을 빼고 있을 것이다.

누가 마지막 조커를 잡을 것인가? 그 주인공이 당신이라면 끝까지 투자에 성공할 수 없다. 어리석은 투자가가 돈이 된다는 말을 듣고 뛰어들 때, 똑똑한 투자가는 이미 팔고 떠났을 테니까.

질문 ③ 노리던 종목의 주가가 내려가기 시작했다. 당신은 하한가를 찍을 때까지 매수를 미루는 게 좋다고 생각하는가?

거듭 말하지만 주식 투자는 타이밍이 전부다. 베테랑 투자가라도 항상 최적의 타이밍에 주식을 매수하지는 못한다.

주가의 바닥이 언제인지 알아맞힐 수 없어서다. 그렇기에 주가가 내려갈 만큼 내려간 뒤 하한가 언저리에서 샀다면 상당히 운이 좋았다고 보아야 한다.

그 사실을 알고 있는 **프로 트레이더나 베테랑 투자가는 하한가를 찍을 때까지 기다리지 않는다.** 어느 정도 범위를 정해 두고 시장을 지켜보다가 하한가 부근에서 분할 매수에 들어간다. 적당히 내려가면 사고 또 적당히 내려가면 사는 식이다.

"오르기 시작할 때 사서 내리기 시작할 때 팔라"라는 주식 격언이 있다. 솔직히 더 큰 이득을 보지 못해서 아쉽겠지만 이 방식이 최선일 수 있다.

인간은 욕심이 많은 동물이다. 이 욕심 탓에 냉정한 판단을 하기 어렵다. 따라서 당신이 욕심을 어떻게 제어하는지가 무엇보다 중요하다.

질문 ④ 파이어족이라고 불리는 사람은 투자를 시작하고 겨우 수년 만에 일확천금을 번 도전적인 투자가라고 생각하는가?

일반적으로 부유층은 꾸준히 저축하고 그 돈을 투자로 돌려 오랜 시간에 걸쳐 자산을 구축해왔다. 그래서 요즘 화제인 파이어족을 '일확천금을 번 도전적인 투자가'라고 생각하는 사람이 많을 것이다.

하지만 **수년 만에 큰돈을 손에 넣은 행운아는 투자로 자산을 구축한 부자 중 1퍼센트도 채 되지 않는 소수에 불과하다.** 대부분의 부자는 일하면서 받은 임금을 가능한 한 쓰지 않고 절약하여 재투자하는 식으로 꾸준히 오랜 시간에 걸쳐 자산을 구축했다고 보아야 한다.

마케팅 세계에서는 너무 소수의 의견은 일부러 수치에 포함하지 않고 산정하기도 한다. 너무 소수인 나머지 변수의 출현율을 예측할 수 없기 때문이다. 눈에 띄고 싶어서, 혹은 어떤 브랜드가 싫어서 의도적으로 튀는 행동을 하는 사람도 있을 것이다. 그런데도 변수는 고려하지 않고 소수를 동경하여 계속 일확천금을 노리는 투자가들이 있다. 그런 이들이 실패하는 것은 어떤 의미에서는 당연하다고 하겠다.

질문 ⑤ 전업 투자가가 된 대학 시절 친구를 만났는데 회사원 시절보

「나 잘나가는 깃 같나. 이럴 때 당신도 전업 투자가가 되고 싶어지는가?

안이한 생각으로 전업 트레이더가 되어 수중의 1천만 원을 단기간에 억대로 불리려 한다면 상당히 큰 리스크를 안아야 한다. 본래 주식 투자란 견실하게 자산을 운용하는 것을 전제로 하면 꽤 착실하게 돈을 불려갈 수 있는 구조로 되어 있다. 그런데 일부러 성공 확률이 낮은 데이 트레이딩에 집착하거나 레버리지를 크게 걸고 투자하면 대형 사고를 일으킬 게 불을 보듯 훤하다.

따라서 나처럼 세컨드 잡 개념의 겸업 투자를 하길 권한다. 투자에서 절반의 수입을, 나머지 절반은 개인 사업이나 회사원으로서의 안정된 수입을 벌도록 한다.

매월 들어오는 안정적인 수입도 훌륭한 자산이다. 공무원이 은행에서 대출받기 쉬운 이유는 안정된 수입을 자산으로 평가받기 때문이다.

또한 전업 투자가가 되면 과도한 압박으로 이 책의 주제인 멘탈에 타격을 입기 쉽다. 투자가 사업이 된 순간부터 이전처럼 냉정하게 트레이딩을 하지 못해 자산을 크게 잃는 투자가도 있다. 그만큼 주식 투자와 사람의 심리는 떼려야 뗄 수 없는 관계에 있다.

"투자만으로 생활하려고 하지 마라."

나는 특히 젊은 사람에게 강력하게 이 조언을 건네고 싶다. 실제로 투자만으로 생활할 수 있는 사람은 인생에서 스릴 있는 생활을 세끼 밥보다 좋아하거나, 리스크 내성이 남보다 높거나, 한 가지를 파고드는 데 먹고 자는 것을 잊고 몰두하는 등 남다른 능력이나 성격을 갖추었다고 볼 수 있다.

지금 어떤 일이든 하고 있는가. 그렇다면 꾸준히 저축하여 투자로 돌리도록 하자.

질문 ⑥ 증권사가 주최한 투자 세미나에 참가하여 질의응답 시간에 "지금 사야 할 종목을 알려달라"고 한 적이 있는가?

나는 해마다 여러 차례 증권사 투자 세미나 초빙 강사로 강단에 선다. 대부분 주최 측으로부터 요청받은 주제에 대해 강연한다. 주로 '주식으로 50억을 버는 투자법', '초보자의 주식 읽기' 같은 주제다.

강연 후 청중의 앙케트를 훑어보면 '지금 사야 할 종목이 알고 싶다', '슥시 돈을 버는 테마주를 알려달라'는 내용이 많다. 질의응답 때도 '내가 생각하는 추천 종목'만 열심히 묻는 참가자가 항상 어느 정도 있다.

마찬가지로 투자 관련 매체를 볼 때 추천 종목만 주목하는 사람이 있다. 물론 그 종목을 직접 조사하여 다양한 정보와 비교하면서 스스로 판단하고 투자한다면 괜찮다. 하지만 타인의 정보나 추천 종목만 믿고 별 고민 없이 무턱대고 매수하는 일은 피해야 한다. 우연찮게 투자에 성공하더라도 '성공한 원인'을 모르기 때문이다.

성공한 원인을 모르면 같은 시장 상황이 펼쳐져도 전혀 다른 결과가 나올 수 있다. 즉, 계속 성공할 수 없다.

그렇게 되면 타인의 정보 없이는 아무것도 못 하는 꼭두각시 투자가가 되어버린다. 또한 정보를 무턱대고 받아들이는 투자가는 실패했을 때 원인을 남 탓으로 돌리기 쉽다.

질문 ⑦ 절호의 타이밍에도 리스크가 두려워 매수하지 못했던 경험이 있는가?

의외라고 할지 모르겠으나 돈에 지나치게 집착하는 사람

도 투자에 맞지 않는다. 돈에 집착하는 사람은 3장에서 다룰 손실 회피성 편향에 마음이 휘둘리기 쉬울뿐더러 자신의 실수를 인정하지 못하는 경향이 있다.

투자를 하다 보면 실수나 손실은 절대 피할 수 없다. 프로 기관 투자가라도 잇달아 투자에 실패할 수 있다.

돈에 집착하는 사람은 이럴 때 실패를 인정하기는커녕 하락한 종목의 상승을 기대하며 손에서 내려놓지 못한다. 또한 손해를 보지 않겠다는 강한 강박 관념 탓에 리스크를 안아야 할 타이밍에 주저하는 경우가 많다.

주식 투자도 비즈니스인 만큼 리스크를 안지 않으면 수익을 올릴 수 없다. 이를테면 나처럼 회사를 경영하는 사람은 손실을 안고 이득을 얻는 상황과 셀 수 없이 마주한다. 신입 사원을 채용할 때도 처음에는 손실로 시작한다. 사무실 이전이나 컴퓨터를 새로 구매할 때도 마찬가지다. 일단 그런 부분을 자산으로 처리하면 현금 흐름은 일시적으로는 마이너스다.

그러나 언젠가 수익이 커질 것을 기대하고 계속 투자한다. 미래의 리턴과 기대치(이것을 리스크 프리미어라고 한다)

를 계산하고 현재의 손실을 감내하는 것이다.

질문 ⑧ 당신은 도박에 흥미가 있는가?

이것은 어느 대학 연구에서 실제로 연구 대상자에게 했던 질문이다. **연구 결과, 도박에 별로 흥미가 없는 사람 쪽이 주식 투자에 잘 맞았다.**

뜻밖에도 확 달아올라 도박에 재산을 탕진하는 행위의 본질에는 인간의 분노가 있다. 자신의 생각대로 되지 않아 생긴 분노를 눈앞의 도박에 퍼붓는 것이다.

주식 투자에서는 감정을 조절하지 못해 분노에 휩싸인 투자가가 자산을 잃을 가능성이 크다. 분노에 휩싸여 원칙을 무시하는 행위는 절대로 해서 안 된다. 반대로 분노로부터 거리를 두고 스스로 정한 원칙에 따라 냉정하게 대처할 수 있는 사람은 주식 투자에 맞는다.

누누이 말하지만, 투자는 그 사람의 성격에 따라 맞을 수도 있고 맞지 않을 수도 있다.

질문 ⑨ 투자가 사이에서 ○○가 주목받으면서 그 테마 종목이 10배

이상 올라 한밑천 잡았다는 사람들의 이야기가 심심찮게 들려온다. 당신은 여기에 흥미가 있는가?

나는 **어떻게든 남과 반대로 움직이는 것을 좋아하는 사람이 주식 투자에 맞는다**고 본다. 이유는 이렇다. 대중의 심리와 똑같이 움직여서는 웬만해선 이길 수 없다. 특히 남과 같이 움직이는 투자가는 베테랑 투자가나 프로 기관 투자가의 먹잇감이 되기 쉽다. 또한 유행에 휩쓸려 신생주나 소형주 같은 테마주로 몰려버리기 쉽다. 어떤가, 당신도 비슷한 경험이 있지 않은가?

내 지인인 어떤 프로 투자가는 투자 솜씨만큼은 나무랄 데가 없다. 하지만 사생활을 비롯하여 다른 면에서는 심술궂은 데다 괴팍하기 짝이 없다. 수십 억대 자산을 모은 또 다른 투자가 지인도 그런 경향이 강하다. 남과 같은 방식으로 살아가는 것을 끔찍이도 싫어한다. 그러니 시장과 한몸이 되어 고생스럽게 살아가는 길을 택한 것이다.

평범한 회사원 생활은 절대 할 수 없을 특이한 면이 있지만, 주식 성적은 탁월하다. 그런 사람 대부분은 세상의 동향에 민감하면서 매사의 본질을 파악할 뿐 아니라 남의 생각에 인이하세 농조하는 것에 저항감을 느끼지 않을까?

질문 ⑩ 유튜브나 SNS 등의 투자 정보를 너무 의심하면 절호의 매수 타이밍을 놓칠 수 있다고 생각하는가?

의심이 많은 사람, 신중한 사람도 어느 정도 투자에 맞는다. 반대로 말하면, 매사를 깊이 생각하지 않는 경솔한 사람은 투자에 맞지 않는다. 여기서 말하는 신중함은 겁이 많은 것과는 다르다.

진짜 신중한 사람은 바로 결단을 내리지 않고 직접 조사하거나 수긍이 갈 때까지 자신을 들볶는다. 이것저것 해보고 자기 나름대로 납득할 수 있는 방법을 찾아간다. 신중한 사람은 그 방법이 자신의 성격과 잘 맞는지 맞지 않는지를 고려한다. 그리고 다양한 책과 인터넷에서 정보를 수집해도 무턱대고 받아들이지 않고 일단 자신에게 맞는지 맞지 않는지를 판단한다.

'그것은 정말 나에게 도움이 되는가?'

'다른 사람에게 유용한 것이 나에게도 유용할까?'

이런 객관적인 사고가 가능하다는 소리다.

이처럼 매사를 판단할 때는 남의 말을 간단하게 믿어버려서는 안 되고, 한 번 더 자기 방식으로 조사하는 습관을 들이는 것이 좋다. 혹시 그러다가 절호의 매수 매매 타이밍을 놓쳐버리지는 않을지 신경이 쓰이는가?

하지만 **시장은 당신에게서 도망치거나 달아나지 않는다. 5년 후에도, 10년 후에도 변함없이 당신 곁에 계속 있다. 오히려 마음을 차분히 가라앉히고 새로운 지식을 얻는 것이 피와 살이 되어 훗날 당신을 성공적인 투자가로 이끌 것이다.**

유튜브나 트위터 등의 투자 정보도 마찬가지다. 보고, 만지고, 생각하고, 자기 나름의 결론을 내는 이 프로세스야말로 더없이 중요하다.

주식 판에서 가장 어리석은 사람은 마지막 설거지꾼

주식은 주가가 꼭지까지 급격하게 상승한 다음이 가장 위험하다. 급락할 때는 누구나 앞다투어 팔려고 하기 때문이다. 최악의 경우 매수자가 없어 점점 가격이 하락한다.

똑똑한 투자가는 그런 혼란스러운 상태가 오기 전 안전한 타이밍에 팔고 빠진다. 주가가 오른 후에 시장에 들어가려는 사람은 이 같은 숨은 작전까지 충분히 읽을 필요가 있다. 똑똑한 투자가가 마지막에 하는 일은 어리석은 투자가에게 '자신이 보유한 주식을 비싸게 떠넘기는 것'임을 기억해야 한다. 똑똑한 투자가는 그 타이밍이야말로 어리석은 투자가가 가장 흥미를 갖고 강한 욕망을 드러낼 때임을 안다.

타인의 정보나 트레이딩을 좇거나 따라 하기만 해서는 결국 이 살벌한 생존 경쟁에서 살아남을 수 없다. 허구한 날 불리한 조건만 떠안는 설거지꾼이 될 뿐이다. 한두 번 성공했다고 스스로 생각하려 하지 않는 사람, 사고를 멈춘 사람은 언젠가는 똑똑한 투자가의 봉이 되고 만다.

그래서 자기 머리로 생각하고 성공하는 것이 중요하다. 그런 경험을 서둘러 쌓지 않으면 절대 성공적으로 투자를 이어갈 수 없다.

나는 세미나 등에서 자주 "어리석은 사람은 마지막 설거지꾼"이라고 다소 신랄한 표현을 한다. 이 정도의 강한 메시지로 전하지 않으면 좀처럼 행동을 바꾸려 하지 않는 개인 투자가가 많아서다.

자투리 시간에는
유튜브 듣기로 정보를 수집한다

투자 유튜버인 나 역시 정보 수집에 유튜브를 적극적으로 활용한다.

집에서 직장까지 15분 정도가 걸리는데 이 시간에 주로 유튜브를 이용한다. 영상을 시청하듯 보는 것이 아니라, 라디오를 듣는 감각으로 유튜브 방송을 듣는다. 그리고 이외에도 욕조에 몸을 담그고서, 이를 닦으면서, 청소하면서, 스쿼트나 팔굽혀펴기를 하면서 자투리 시간을 의식적으로 활용한다.

영상 속도는 설정을 바꾸어 1.5배속으로 한다. 그 속도라면 하루의 자투리 시간에 10개 영상쯤은 가볍게 시청할 수 있다.

성공을 부르는
투자가의 심리 사이클

성공과 실패를 가르는 투자가의 심리를 알았으니 다음은 투자가의 심리 사이클에 대해 알아보자.

주식 초보자가 시장 사이클을 분석하여 승률을 높일 수 있는 왕도의 투자법이 있다. 앞으로 주식 투자를 할 사람은 펀더멘탈 분석이나 테크니컬 분석을 공부하기 전에 이를 미리 익혀두는 게 좋다.

그렇게 하면 투자가가 어떤 심리 상태에서 주식에 투자하는지, 시장이 어떻게 욕망과 공포로 요동치는지, 그 이치를 터득할 수 있다. 차트의 움직임을 보고 투자가의 심리를 파악히여 시금의 주가가 높은지 낮은지도 분석할 수 있다.

그럼, 투자가의 심리 사이클, 즉 우리의 마음은 어떻게 움직이는지를 살펴보자.

보이지 않는 힘에 의해
갈지자로 걷는 것이 바로 주가

주식 시장의 움직임은 진자의 움직임과 매우 흡사하다. 진자의 움직임이 어떤지 아는가?

간단하게 설명하면, 진자는 궤도 한쪽 끝에서 한쪽 끝으로 거의 쉼 없이 자율적으로 움직인다. 진자의 추는 끝에 도달하면 중심을 향해 반발적으로 움직이기 시작한다. 중심까지 오면 반대쪽으로 이동해간다. 반대쪽에서 이동했다면 다음은 중심으로 되돌아와 역방향으로 다시 끝에서 끝으로 서로 반발하듯이 반복적으로 움직인다. 이것이 진자의 특징적인 원리다. 아마도 이 설명을 읽으면서 초등학교 시절의 과학 수업을 떠올린 분들이 많을 것이다.

주식 시장도 진자의 움직임과 같아서 기본적으로는 욕망과 공포 사이를 오간다. 또는 과대평가와 과소평가 사이를 오간다고도 할 수 있다.

랜덤워크라는 말을 들어본 적이 있는가? 술에 취해 갈지자로 걷는 것처럼 주가의 움직임은 예측 불가여서 프로펀드매니저도 맞출 수 없다는 사고방식이다. 랜덤워크 이론Random Walk Theory이라고도 불린다. 이 이론은 과거의 시세 변동이나 트렌드에서 미래를 예측하는 테크니컬 분석의 유효성을 부정하는 점이 독특하다(이 책의 후반에서 자세히 설명하겠지만 나는 테크니컬 분석이 효과적이라고 생각한다).

주식 시장은 이처럼 눈에 보이지 않는 힘의 영향으로 운동을 반복하면서 끊임없이 요동친다. 따라서 투자가가 기대하는 주가로 매수할 기회는 거의 없다.

테크니컬 애널리스트나 경제 평론가가 "이 종목은 이 가격이 타당하다"라고 언급했더라도 주가는 그대로 움직이지 않는다. 이유는 간단하다. 주가는 진자처럼 사람의 공포와 욕망에 따라 좌우로 끌어당겨지기 때문이다. 극히 드물지만 기대한 주가로 내려가기도 한다. 단, 그것도 한

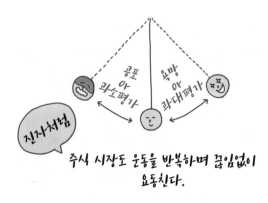

공포
아
과소평가

욕망
아
과대평가

진자처럼

주식 시장도 운동을 반복하며 끊임없이
요동친다.

순간이며 바로 어느 쪽으로든 끌어당겨져 움직이는 것이
주가의 특징이다. 이것이 시장과 진자의 움직임이 흡사하
다는 논리의 가장 핵심이다.

정리하자면, 주식 시장이 진자의 원리와 비슷한 움직임
을 보이는 이유는 투자가의 심리로 형성되어 있어서다.

투자가의 심리 상태는
진자처럼 끊임없이 움직인다

욕망으로 치닫다 보면 금세 공포 상태에 빠진다. 그리고
주가의 반등과 동시에 다시 욕망에 휘둘리는 식으로 개인

투자가의 심리는 항상 불균형한 상태에 놓여 있다.

인간은 긍정적인 기분이 들면 흥분하고 욕망도 커져 쉽게 돈벌이에 빠지는 흥미로운 존재다. 우주가 나를 돕는다며 어떤 뉴스든 자기에게 유리한 방향으로 해석해버리는 경향도 있다.

한편 일단 소극적으로 되면 비관적인 전망밖에 보지 않는다. 돈을 잃을까 봐 극도의 공포심에 사로잡히거나 부정적인 행동으로 치닫기도 한다.

시장의 밑바탕에는 이런 인간의 심리가 깔려 있다. 인간의 심리에 영향을 받아 주가는 흔들리며, 주가도 인간에게 다분히 영향을 미친다. 사람들은 주가가 오를 때는 앞다투어 투자하고 주가가 내리기 시작하면 손실이 두려워 앞다투어 도망가기 바쁘다. 이 현실이 과열되면 버블로 나타나 폭등하거나 패닉에 빠져 투매가 일어난다. 불과 얼마 전까지 크게 주목받던 가상 화폐와 관련된 사건들을 떠올려보라.

그렇다면 개인 투자가는 어떻게 행동해야 할까? 먼저 행동 경제학이나 행동 금융학이 제시하는 대로 사람의 심리를 잘 파악하여 객관적인 시점으로 시장을 보아야 한다.

시장의 심리를 파악하는 세 가지 체크 포인트

주가는 적정하게 평가받고 있는가?

▼

투자가의 심리 상태는 공포? 욕망?

▼

나의 심리 상태는 공포? 욕망?

▼

매수 타이밍을 검토!

지금 주가가 진자의 궤도 중 어느 부분에 있는지를 철저히 밝혀내는 것이다. 이와 함께 시장의 사람들과 자신의 욕망과 공포를 냉정하게 분석하는 것이다. 다음처럼 말이다.

- 주가가 적정한 평가를 받으며 낮은 수준에 있는가?
- 사람들이 비관하고 공포에 짓눌린 결과로 주가가 낮은 수준에 있는가?
- 이것들을 고려할 때 지금의 나는 심리 사이클의 어디에 있는가?

투자가로서 성공하려면 객관적으로 파악하고 시장을 꼼꼼하게 분석하는 것이 매우 중요하다. 어떤 종목을 살 것인가, 즉 매수 타이밍을 검토하는 것은 그다음 일이다.

역발상으로
성공의 우위성과 희소성을 찾아라

객관적인 시점에서 주가의 진자가 지금 어느 위치에 있는지를 알려면 어떻게 해야 할까? 그 답은 지금까지 다루어 왔던 사람들의 심리를 생각하고 찾으면 된다.

예를 들면, 최근 들어 존재감을 발휘하기 시작한 유튜브나 트위터 혹은 예전부터 주식 정보를 제공한 블로그나 포털 게시판, 미디어 뉴스라도 상관없다.

혹시 이런 글이나 메시지를 본 적은 없는가.

- 몇 달 후면 기회는 날아간다.

- 빨리 시작할수록 편하게 돈을 번다.
- 미국 주식을 할 때 레버리지를 높게 걸면 반드시 억만 장자가 될 수 있다.

이것들은 투자가의 대중 심리이자 강력한 신호다.

심리 사이클 중에서 지금 어디 있는가?

23년간의 내 투자 경험을 바탕으로 말한다면 이런 때야말로 동시에 매매 시기를 검토해야 한다. 심리 사이클이 진자의 궤도에서 가장 꼭대기에 있기 때문이다.

한 가지 오해하지 말아야 한다. 사람이라면 누구나 주가 상승에 흥분하고 더 많은 돈을 벌려고 욕심을 부리는 게 당연하다.

나 자신도 마찬가지다. 오랜 세월 동안 투자를 하면서 감정을 다스리지 못해 몇 번이나 큰 손실을 보았다. 월스트리트의 프로 트레이더도 다르지 않다. 전설의 투자가라 불렸던 거물 트레이더들이 과거의 실적을 과신하다가 파

산한 예는 숱하게 많다. 투자가가 자신을 다스리는 것은 그만큼 어려운 일이다.

내가 이 책에 행동 경제학과 행동 금융학을 담아낸 것도 중요해서다. 한마디로 역발상이라고 할 수 있다.

자신을 제어하는 것은 프로에게도 어려운 일인 만큼 그 부분을 강점으로 키우면 개인 투자가라도 성공의 우위성과 희소성을 찾을 수 있다. 오랫동안 광고 회사를 경영하면서 나는 이 같은 방법을 깨우쳤다.

주식 멘탈을 바탕으로 매매 타이밍을 고려한다

이번에는 주식 멘탈로 매매 타이밍을 생각해보자. 앞에서와는 달리 주변 친구 대부분과 투자 유튜버 등이 곡소리를 내고 있는 시기라고 가정하자.

- 죄송합니다. 내일 퇴장합니다.
- 블랙먼데이가 다시 왔습니다. 주식이 종잇조각이 됩니다.
- 당신을 믿은 게 잘못이야. 당신은 거짓말쟁이야.

이런 상황에서 투자가는 비관론에 휩싸여 자신감을 잃든지 공포에 짓눌리든지 둘 중 하나다. 시장 사이클로는 매매 타이밍에 가깝다고 볼 수 있다.

이때 사람들의 감정 에너지와 대중 심리를 분석하여 시장 사이클을 객관적으로 파악해간다. '지금 시장의 진자가 어디에 위치하고, 사람들의 심리가 어느 쪽을 향해 있는지를 분석하여 투자하는 것'이 무엇보다 중요하다.

세계적으로 유명한 워런 버핏도 다음과 같은 말을 했다.

"남들이 신중하지 못할수록, 우리는 신중하게 일을 진

행해야 힌다. 왜냐하면 그것이야말로 금맥이기 때문이다."

이제부터 더 자세히 소개할 행동 금융학의 원리 원칙을 나타낸 대단히 멋진 말이라고 생각한다.

지금 싼 자산은 무엇인가? 주식인가, 금인가? 아니면 가지고 있는 것을 현금화하여 은행에 맡겨두는 게 미래의 자산을 늘리는 최선의 방책인가? 투자가라고 하루 24시간 계속 자금을 운용할 필요는 없다. 현금화하여 때를 기다리는 것도 훌륭한 투자 전략이다. 유명한 전쟁 영웅은 기본적으로 때를 골라 아군을 승리로 이끈다.

어쩌면 바닥을 금방 치고 올라오지 않을까? 그렇게 생각한다면 오히려 현금으로 두는 게 나중에 더 큰 기회가 될 수 있다. 반대로 경계심이 풀렸을 때 호되게 당할 수도 있다. 내 경험상 이것은 100퍼센트다. 당신도 꼭 명심하기를 바란다.

투자 원칙을 만들고 지키는 것이
가장 어렵다

투자가가 트레이딩을 어렵다고 느끼는 이유는 뭘까? 트레이딩에 무한한 패턴 조합이 있어서다. 너무 자유로우니 오히려 어렵게 느껴진다. 만일 트레이딩이 몇 가지 패턴 중에서만 고르는 제비뽑기 같다면 아무도 어려워하지 않을 것이다. 성공과 실패에 운이 작용한다는 점 때문에 어쩌면 사람들은 주식 투자를 하려고도 하지 않을지 모른다.

트레이딩은 재무 분석, 지표 분석, 매수 타이밍, 손절, 확정 수익, 기다림 등의 선택이다. 그리고 기본 원칙을 만들어 이것들을 그 틀 안에서 운용할 필요가 있다. 말하자먼 딩신이 사냥탑이 되는 것이다. 그것이야말로 투자 전략이며, 이때 눈앞에 펼쳐진 선택지는 무한하다.

그중에서도 가장 어려운 것이 마음의 관리다. 즉, 원칙을 갖고 틀 속에서 운용하는 것 말이다.

당신은 독자적인 투자 원칙이 있는가?

세상에는 수많은 투자 관련 책이 있지만, 마음의 관리라는 주제까지 다룬 책을 고르면 그 수가 극단적으로 줄어든다. 그만큼 마음의 관리는 제대로 다루기가 힘들다.

트레이딩이란 한없이 자유로운 전략의 선택지 중에서 당신만의 독자적인 원칙을 만들고 사령탑이 되어 운용하는 머니 게임이기도 하다. 이 자유로운 선택의 어려움을 깨달은 사람은 마음 관리의 중요성을 알고 주식 멘탈을 이해하는 방향으로 눈을 돌린다.

한편 자신만의 독자적인 원칙의 필요성을 제대로 이해하고 준비하는 투자가는 지극히 소수다. 소수밖에 없으므로 대책을 강구하고 준비가 된 사람만이 투자가로서 유리한 위치에서 싸워나갈 수 있다. 선택지가 자유로운 무질서

한 세계에서 자신만의 원칙을 갖고 그 안에서 결단을 내려 가는 것이다.

그러려면 주식 멘탈의 기본이 되는 원칙이란 무엇인지를 이해할 필요가 있다. 또한 원칙을 만들어 자기 책임하에 결단을 내리려면 어떻게 해야 할까? 이제부터 세 가지 기본 원칙을 소개한다.

감정에 휩쓸리지 않고
일관성을 유지한다

첫 번째 기본 원칙은 일관성을 유지하는 것이다. 일관성이
란 이미 소개한 주저, 갈등, 공포, 욕망, 과신 등의 요소로
부터 받은 영향을 자신 안에서 제거한 상태를 가리킨다.

완벽을 목표로 할 필요는 없다. 뿐만 아니라 감정에서
욕망과 공포를 완전히 제거하기란 불가능하다.

그렇다면 일관성을 유지한다는 것은 어떤 상태일까?
너무 강하지도 너무 약하지도 않고, 욕망에 지나치게 사로
잡히지도, 그렇다고 지나치게 소극적이지도 않은, 자신 안
에서 가장 균형 있는 상태를 유지하는 것이다.

물론 주식 투자는 종교 생활이 아니다. 마음을 비우고 욕심을 비우라고 옆에서 아무리 말해주어도 당사자는 그렇게 하기가 쉽지 않다.

실패한 원인의 90퍼센트는 바로 내 탓

내가 처음 투자를 시작한 23년 전에는 지금만큼 자산 운용에 대해 일반인의 관심이 많지 않았을뿐더러 자산 운용의 이해도 또한 높지 않았다. 그래서 주식 투자 관련 책도 대부분 난해한 철학서 같았다. 첫 페이지부터 "주식으로 돈을 벌려면 무의 경지가 되어라", "명상과 투자는 같다"라고 포문을 여니 나 역시 몹시 난감했던 기억이 있다.

그렇다면 이 책에서 말하는 일관성이란 어떤 것일까? 일관성이란 공포나 욕망을 인간다운 멘탈로서 긍정적으로 허용하면서 그런 요소가 트레이딩에 영향을 끼치지 않게 스스로 사령탑임을 자각하고 항상 균형 있는 상태를 유지하는 것이다. 예를 들면, 주식에 실패한 사람들은 실수를 깨달았을 때 필요 이상으로 자신을 비판하거나 위축된다. 하지만 그에 앞서 왜 그런 실수를 했는지 자신의 멘탈 상태를 분석하고 개선해나가야 한다.

실패는 대부분 외부 요인보다는 내부 요인에 있다. **실패한 원인의 90퍼센트는 자신에게 있다고 보아야 한다. 감정적으로 일관성을 유지하려고 노력하면 크게 실패할 일이 없다. 시간을 내 편으로 만들어 매수 타이밍을 늦추면 폭락은 오히려 기회가 되기도 한다.**

무엇보다 당신의 멘탈이 실패를 유인하고 있다는 사실을 깨닫는 것이 중요하다.

시장의
중립성을 안다

두 번째 기본 원칙은 중립성을 아는 것이다.

주식 투자는 혼자서 하는 게임이 아니다. 상대가 있어야 비로소 성립한다. 그것도 전 세계적으로 활동하는 전업 투자가나 프로 펀드 매니저 같은 강팀이 상대다.

시장에서는 상대가 있어야 나도 있다.

'내가 있어 상대가 있는' 것이 아니라 '상대가 있어 내가 있는' 것이다. 말의 뉘앙스가 살끽 다른 섯을 잘 이해하도록 하자. 이는 매우 중요한 접근법이다.

의지할 수 있는 것은 오직 자기 자신뿐

한쪽의 이익이 다른 한쪽에게는 손실이 된다. 상대의 멘탈이 무너져 실수하면 당신은 이익을 얻는다. **주식에서는 손실의 반대가 이익이다. 야구나 축구처럼 주식도 기술이나 멘탈에 일관성을 유지하는 쪽이 유리하고 점수를 올려 이익을 얻는다. 주식에서 이익과 손실은 시장의 중립성 위에 성립하므로 어느 한쪽에게 유리하거나 불리한 게 아니다.** 이 같은 균형 감각을 꼭 터득하기 바란다.

상대는 당신에게 이익을 보장해주거나 지켜주거나 잘못을 지적해주지 않는다. 시장은 그렇게 만만한 세계가 아니다. 의지할 수 있는 것은 오직 자기 자신뿐이다. 따라서 궤도를 수정하며 쟁반 위에서 계속 돌아가는 팽이처럼 항상 중립성을 갖고 투자 판단을 해야 한다.

바른 트레이딩에 대한
초심을 지킨다

세 번째 기본 원칙은 초심을 잃지 않는 것이다.

초보 투자가는 왜인지 첫 투자에서 대박을 터트릴 때가

있다. 이른바 '비기너스 럭Beginner's Luck'*이다. 주식 투자를

막 시작한 투자가는 시장에 대

해 일관되고 중립적이어서

욕망이나 공포를 전혀 알

지 못하는 상태다. 결과적

으로 주저, 갈등, 공포, 욕

망, 과신 등 다섯 가지 멘탈에

사로잡히기 않은 매우 중립석인 상태에서 트레이딩을 시작한다.

자신의 멘탈과 마주하고 있는가?

그러다 성공과 실패를 경험하기 시작하면 서서히 욕망과 공포가 싹튼다. 맨 처음 중립적인 상태에서 투자했던 사람이라도 서서히 시장에 지배당하게 된다.

- 성공: 이상적인 상태에서 벗어난다.
    → 시장을 지배하려고 한다.
- 실패: 책임을 전가한다.
    → 시장에 지배당해버린다.

이렇게 되면 더는 투자를 이어가기 힘들다. 이것이 항상 초심을 잃지 말아야 하는 이유다.

* 게임이나 도박 같은 데서 초보자가 종종 행운을 얻거나 좋은 성적을 올리는 일.

성공한 투자가가 목표하는
이상적인 심리 상태란?

이 장의 마지막에서는 성공한 투자가들의 이상적인 심리 상태에 관해 이야기하겠다.

성공한 투자가는 심리 상태가 일관되고 어떤 일에도 중립적이며 항상 초심을 잃지 않고 바르게 트레이딩하고 있는지 계속해서 스스로 질문을 던지며 자신과 마주한다. 그렇다면 이런 투자가들은 어떤 멘탈의 소유자들일까? 그들이 목표로 하는 멘탈 상태를 알면 우리 또한 가야 할 방향을 알 수 있다.

감정 관리 기술을 익힌다

무엇보다 성공한 투자가는 과거의 고통이나 고양감에 사로잡히지 않고 항상 자신의 멘탈과 마주하면서 바르게 트레이딩을 할 준비가 되어 있다. 그리고 매일 트레이딩을 개선하며 멘탈을 유지하려고 애쓴다. 이것이 첫 번째 성공 요인이다.

욕망이나 공포로 일관성을 잃은 채 트레이딩하면 큰 실패를 볼 수 있다. 따라서 성공한 투자가는 시장을 분석하는 것 이상으로 자신의 멘탈을 매일 관리한다.

시장에서 주저, 갈등, 공포, 욕망, 과신을 느껴도 바르게 트레이딩하려면 일관성과 중립성을 유지하도록 끊임없이 의식해야 한다. 트레이딩 기술과 감정 관리 기술을 명확히 구분해둘 필요가 있다.

바르게 트레이딩하지 못하는 이유를 파악한다

일관성과 중립성을 유지하면서 바르게 트레이딩하는 게 힘든 이유는 상대(시장)를 컨트롤하는 데 눈이 향해 있기 때문이기도 하다.

성공한 투자가는 자신의 마음을 제어하는 것 이상으로, 투자가가 빠지기 쉬운 사고 프로세스 탓에 멘탈을 제어하기 어렵다는 사실을 이해한다. 이것이 두 번째 성공 요인이다. 이에 관해서는 다음 3장과 후반부에서 더 구체적으로 예를 들어 상세히 설명하겠다.

성공한 투자가의 이상적인 심리 상태를 손에 넣을 수 있다면 주식 시장은 물론 그야말로 가상 화폐나 금 시장에서도 심리 사이클과 매수 매매 타이밍을 파악하여 자산을 불릴 수 있다. 차트 테크닉이나 펀더멘탈 분석도 중요하지만, 나는 주식 멘탈이야말로 누구라도 승률을 높일 수 있는 투자 스킬의 왕도라고 생각한다. 생각만으로도 왠지 설레지 않는가.

다음 3장에서는 드디어 행동 경제학에 기반한 주식 멘탈의 무기에 대해 구체적으로 다룰 테니 기대해도 좋다.

CHAPTER 3

⋮

행동 경제학이 알려주는
멘탈 무기

질문

두 개의 봉투에 각각 30만 원의 돈이 들어 있다. 당신이 가끔 자신을 위해 쇼핑을 하고 싶다면, 어느 쪽 봉투를 먼저 쓰겠는가?

A   어머니의 정성스러운 손 편지가 더해진 용돈 30만 원
B   재미 삼아 산 복권 당첨금 30만 원

투자가의 심리를 아는 것이
성공으로 가는 지름길

당신은 어느 쪽 봉투를 택했는가? 보통은 B 봉투를 택하지 않을까? 아마 나도 B 봉투를 먼저 쓸 것이다.

하지만 양쪽 모두 돈의 가치는 똑같이 30만 원이다. 두 봉투의 돈을 바꿔 넣어도 달라지는 점은 전혀 없다. 돈의 가치가 같으니 어느 쪽을 먼저 사용하든 결과는 같다.

그런데 어머니의 애정이 담긴 손 편지만큼은 다르다. 손 편지가 있다고 생각하면 아마 어머니 얼굴이 떠올라 봉투와 겹쳐 보일 것이다. 즉, 이 질문에서 B 봉투를 택했다면 당신은 이 같은 심리적인 영향으로 합리적이지 않은 의

사 결정을 했을 가능성이 높다.

돈이 걸린 투자는
감정이 아닌 숫자로 판단하라

행동 경제학은 모든 인간의 본능적인 행동 그 자체를 모델로 한다. 99퍼센트의 인간은 그런 사고방식을 갖고 그렇게 행동하리라는 것을 기본 전제로 한다. 그 결과, 행동 경제학에서는 인간은 반드시 합리적이지 않다고 결론짓는다. 심리적인 영향으로 빈번하게 불합리한 의사 결정을 내리기 때문이다.

투자에는 돈이 걸려 있다. 돈이 관련되면 사람은 감정으로 판단하기 쉽다. 숫자로 판단해야 하는데 감정이 앞서 불합리한 결과를 초래하기 일쑤다.

주식 투자는 행동 경제학의 요소가 매우 강한 이른바 심리 게임이다. 그래서 내키는 대로 투자했다가는 웬만해선 돈을 벌기 힘들다.

인간이기 때문에 하기 쉬운 실수나 빠지기 쉬운 패턴이 있음

을 알았다면 행동 심리를 고려하며 투자하라. 그러면 투자에서 순조롭게 성공할 수 있다. 이것이 이 책을 통해 당신에게 전하고 싶은 이야기의 핵심이다.

그럼 구체적으로 어떤 실수와 패턴이 있는지, 행동 경제학과 행동 금융학을 어떻게 투자에 활용하는지, 지금부터 그 이야기를 시작해보겠다.

투자에 실패하는 원인을
철저히 이해하라

프로스펙트 이론

이제부터는 투자에 도움되는 행동 경제학 이론 11가지를
소개한다.

먼저 유명한 '프로스펙트 이론'부터 이야기하겠다. 투
자가라면 프로스펙트 이론에 대해 한번쯤 들어보았을 것
이다. 이 이론은 비교적 새로운 심리학 연구로 2002년 노
벨 경제학상을 수상한 대니얼 카너먼Daniel Kahneman 교수의 논
문을 통해 세계로 퍼졌다. 그 논문에는 불확실한 상황에서
인간이 어떤 의사 결정을 하는지를 연구한 내용이 담겼다.

이 불확실한 상황은 정말이지 투자의 세계와 똑같다.

따라서 프로스펙트 이론을 아는 것은 성공적인 투자의 길로 가는 심리 메커니즘을 이해하는 계기가 될 것이다.

왜 불확실한 패를 고르는 걸까?

먼저 두 가지 질문을 하겠다. 보기들 중 하나를 선택해보라. 이때 깊이 생각하지 말고 직관적으로 택하도록 한다.

질문 ① 다음 두 가지 선택지 중 당신의 선택은?

　　A: 무조건 1천만 원을 받는다.

　　B: 동전을 던져 뒷면이 나오면 2천만 원을 받는다.

당신은 어느 쪽을 택했는가?

어느 쪽이든 받을 수 있는 금액의 기대치는 똑같이 1천만 원이다. 그런데 사람들은 대부분 확실하게 이익을 얻을 수 있는 A를 고른다. 즉, 인간은 이익을 얻을 수 있는 상황에서는 확실성을 고르는 경향이 강하다.

이어서 다음 질문이다.

질문 ② 당신에게는 상환 기일이 닥친 2천만 원의 대출금이 있다. 다음 두 가지 선택지 중 당신의 선택은?

A: 무조건 1천만 원을 받는다.

B: 동전을 던져 뒷면이 나오면 대출금이 변제된다.

이 질문의 기대치도 '질문 ①'과 같다. 그러나 이쪽은 당신에게는 '상환 기일이 닥친 2천만 원의 대출금'이라는 전제 조건이 있다. 이를 바탕으로 생각해보자.

당신은 어느 쪽을 택했는가?

이 질문은 여러 사람에게 해보았는데 결과가 무척 흥미롭다. '질문 ①'에서 A를 택한 사람도 '질문 ②'에서는 웬일인지 B를 많이 택했다. 하지만 냉정하게 생각하면 두 질문 모두 A와 B의 기대치는 1천만 원으로 같은 조건이다.

'질문 ①'의 응답 경향을 고려할 때 '질문 ②'에서도 응답

자들이 착실하게 대출금을 줄일 수 있는 A를 주로 고르리라 생각하기 쉽지만, 예상과는 다른 결과가 나왔다. 조건이나 상황의 변화가 멘탈에 큰 영향을 끼쳐 일부러 도박성이 높은 선택지를 고르는 사람이 많아진 까닭이다.

큰 이익이나 손실이 사람의 감각을 마비시킨다

이 두 가지 질문에서 도출된 결론은 무엇일까?

사람은 항상 합리적인 판단을 하는 듯하나 상황이나 조건에 따라 손익 계산의 사고방식에서 큰 차이가 난다. 이익을 얻을 수 있는 상황에서는 더 큰 이익을 놓치지 않으려는 리스크 회피 행동 심리가 강하게 작용한다.

한편 이미 큰 손실을 본 상황에서는 리스크를 안더라도 지금의 손실을 만회하고자 하는 강박 관념이나 이해타산을 따지는 마음이 행동 심리에 강하게 작용한다. 이것을 행동 경제학에서는 '손실 회피성 편향'이라고 한다.

이제부터 프로스펙트 이론을 더 깊이 이해하려면 알아야 할 손실 회피성 편향에 관해 설명하겠다.

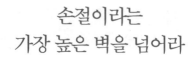

손절이라는
가장 높은 벽을 넘어라

손실 회피성 편향

'손실 회피성 편향'은 행동 금융학에서 가장 유명한 이론 중 하나로, 손해 보는 것을 극도로 싫어하는 인간의 심리를 설명한다. **세상에 손해 보는 것을 좋아하는 사람은 없다. 그 결과, 수익이 나는 상황에서는 확실하게 수익을 올리려 하고 손실이 나는 상황에서는 손절을 꺼리거나 물타기 등으로 큰 모험을 하려는 경향이 강해진다.**

조금씩 착실하게 투자하여 차근차근 수익을 쌓아 올렸다고 하자. 하지만 일단 크게 손실을 보면 이를 만회하려고 웬만큼 신중한 사람도 될 대로 되라는 식으로 믿기 힘들 만큼 대담하게 행동하기 쉽다. 이처럼 손실 회피성 편향은 손실을 회피하려는 인간의 심리가 오히려 불합리한 행동을 초래하는 것을 말한다.

손실을 회피하려는 심리가 더욱 손실을 초래한다.

같은 금액이라도
이익보다 손실 쪽을 크게 느낀다

다음 페이지에서 소개하는 그래프는 '가치 함수'다. 용어가 어려운가? 용어를 반드시 기억할 필요는 없다. 그림으로 가치 함수가 의미하는 바를 이해하도록 하자.

이 그래프에서 세로축은 심리적 가치다. 위로 갈수록 기쁨이나 즐거움 같은 만족스러운 감정을, 아래로 갈수록 슬픔이나 괴로움 같은 불만족스러운 감정을 나타낸다. 가로축은 이익과 손실의 관계를 나타낸다. 오른쪽으로 갈수록 이익이 커지고 왼쪽으로 갈수록 손실이 커진다. 이 그

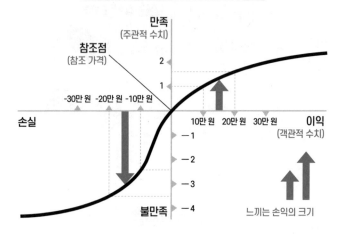

프로스펙트 이론이 가치 함수

래프를 보면, 이익을 얻었을 때는 심리적 가치가 서서히 오르고 손실을 입었을 때는 즉각 심리적 가치가 내려가는 것을 알 수 있다. 똑같은 금액의 이익과 손실도 그 심리적 가치의 크기가 다르다.

이 심리적 가치의 차이 때문에 자기 돈을 운용하는 개인 투자가는 약간의 수익을 올리면 확실하게 기쁨과 즐거움을 얻고, 큰 손실을 보면 슬픔과 괴로움을 해소하려는 행동을 반복한다. 106쪽에서 제시한 '질문 ②'에 대해 응답

한 사람들 대부분이 동전의 뒷면이 나왔을 때 대출금이 전액 상환 가능한 B를 택한 이유가 이런 인간의 감정 차이에 있다.

'손실은 최소, 이익은 최대'를 실현하기 어려운 이유

주식을 사고 난 다음 더 오를지 내릴지는 아무도 모른다. 그래서 주식을 산 사람의 마음속에는 두 가지의 모순된 감정이 싹튼다. 하나는 오를지 모른다는 기대감이다. 다른 하나는 지금 팔지 않으면 더 내릴지 모른다는 불안감이다.

이때 손실 회피성 편향이 작용하면 결과적으로 이대로 오를 수 있다는 기대감보다 팔지 않으면 내려가서 손해를 볼 수 있다는 불안감이 더 커지는 경향이 있다. 그래서 일단 팔고 빨리 이익을 실현하려는 행동이 나타나기 쉽다. 반대로 아직 이익을 실현하지도 않았는데 주가가 내려가면 손실 회피성 편향에 영향을 받아 '그때 팔았어야 했는데'라는 식의 후회를 하게 된다. 투자는 이 심리적 작용과 행동의 반복이다.

'손실은 최소, 이익은 최대'라는 말이 있다. 이것은 투자에 성공하기 위한 원칙이나 다름없다. 이처럼 무엇보다 가능한 한 손실을 줄이고 이익을 늘려야겠지만, 안타깝게도 투자가의 90퍼센트는 그 반대로 움직인다. 그 원인은 바로 손실 회피성 편향에 있다. 언젠가 주가의 하락이 멈추리라 생각하고 상황을 지켜보다 보면 더한 악재가 등장하여 또 내려간다. 그런 가운데 당신은 손실이 이익의 실현을 웃돌기 때문에 주식을 손절하지 못하고 묵히고 만다.

큰돈에 무감각해지지 않게
경계하라

민감도 체감성 편향

다음으로 손익이 더 커졌을
경우도 살펴보자. 이때 가치
함수 그래프상에서는 '민감도
체감성 편향'이 작용한다. 쉽
게 설명하면, 금액이 커지면
커질수록 손익 감각이 마비되는
현상이 일어난다.

민감도 체감성 편향이란, 한마디로 금액이 커질수록 사
람이 느끼는 가격의 가치가 둔화하는 것이다.

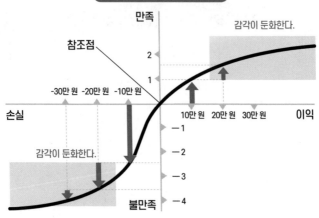

브레이크 이브 현상

만족

참조점

감각이 둔화한다.

2

1

-30만 원 -20만 원 -10만 원

손실

10만 원 20만 원 30만 원 **이익**

—1

감각이 둔화한다.

—2

—3

불만족 —4

손실이 가속화하는 브레이크 이브 현상

위 그래프의 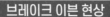 부분을 보기 바란다. 금액이 증가함에 따라 감각 곡선이 둔화함을 알 수 있다.

이런 현상은 이익이 나는 경우에도 일어나는데 이때야말로 정말 주의가 필요하다. 큰 손실을 만회하려고 도박을 걸기 쉽기 때문이다. 잃은 돈을 만회하려고 대담하게 판단하고 투자해버리는 것이다. 이를 '브레이크 이브 현상'이라고 한다. 이렇게 되면 예측이 빗나갔을 때 손실은 더욱 가속화한다.

지금으로부터 10여 년 전 일본의 한 유명 제지 회사의 전 대표가 카지노에 빠져 결과적으로 1천억 원의 큰돈을 날린 사건이 있었다. 그야말로 브레이크 이븐 현상의 대표적인 사례라고 할 수 있다. 통상적으로라면 사람은 합리적으로 움직일 테지만 감정에 휘둘려버린 것이다.

경험을 쌓을수록 투자 실패에 대한
손실 감각이 마비된다

이해하기 쉽게 주식 투자에 빗대어 설명해보겠다.

막 주식에 입문한 초보자는 누구나 처음에는 적은 금액으로 레버리지 없이 착실하게 투자한다. 하지만 **서서히 투자에 익숙해져 큰 금액을 움직이다 보면, 다소 리스크가 높더라도 리턴이 큰 신용 거래나 일확천금을 노린 도박 같은 트레이딩에 도전하게 된다.**

이것은 개인 투자가가 싫든 좋든 이해타산에 익숙해지면서 벌어지는 일이다. 이때 투자가의 심리 상태는 마치 도박 의존증이 있는 사람의 초기 심리 상태와도 비슷하다. 투자를 시작한 초기 무렵보다 손실에 대한 감각이 무감각해졌다고 할까.

개인 투자가의 대부분이 손실을 만회하려고 레버리지를 걸거나 주식을 묵혀두는 것은 이런 심리 상태를 알지 못하기 때문이다. 그러나 2장에서 다룬 일관성, 중립성, 초심을 잃은 상태가 가장 위험하다는 점을 기억하자. 반대로 민감도 체감성 편향을 이해하고 감정을 제어할 수 있다면 리스크를 줄이거나 이익을 늘리는 것도 가능하다.

우리 감정이
영리한 마케팅에 이용당한다고?

주식 투자만이 아니다. 일상에서 우리는 프로스펙트 이론의 영향을 많이 받는다.

마케팅 현장에서도 심리 트릭은 자주 이용된다. 대형 쇼핑몰에서 쇼핑할 때도 그렇다.

"오늘만 한정 ○○○○원."

"지금 바로 계약하면 ○○○○원."

이런 광고 문구에 넘어가 충동 구매를 한 적은 없는가?

이것은 속전속결이 요구되는 인터넷 상점의 상투적인 수단으로 '피어 어필Fear Appeal'이라고도 불린다. 여기서 말하는 피어란 바로 공포심이다. 광고 문구는 이대로 그냥 있으면 손해를 보는 결과로 이어질지 모른다는 심리에 강력하게 호소하는 메시지일 때가 많다. '한정 ○개', '수량이 얼마 남지 않았다', '안 사면 앞으로 이렇게 된다'를 강조하는 마감 캠페인은 일부러 공포심을 조장하여 소비자의 구매 결단을 채근한다.

이런 심리 트릭에 속지 않으려면 절대 초조해하며 행동하지 말아야 한다. 그러기 위해서는 평소에 '왜 상대가 그렇게 제시할까?'라고 냉정하게 생각하는 습관을 들여야 한다. 그 상품이 반드시 필요한지를 고민한 뒤에 '구매', '검토', '보류'라는 세 가지 선택지 중 고르도록 한다.

주식 투자에서의 세 가지 선택지는 '산다', '관심 종목에 넣는다', '보낸다'이다. 이렇듯 주변에 넘쳐 나는 심리 트릭을 이해하면 주식 투자에도 큰 도움이 된다.

물타기가 아닌, 계획적인 분할 매수를 하라

준거 의존성 편향

프로스펙트 이론에는 더욱 유명한 이론이 있다. '준거 의존성 편향'이다. 투자 심리학의 70퍼센트는 손실 회피성 편향과 준거 의존성 편향이라 해도 좋을 만큼 중요한 이야기다.

물타기 매수를 하는 투자가 절반은 실패한다

주가가 하락하기 시작할 때 "하락한 금액만큼 물타기하면 된다"고 하는 사람이 있다. 나도 과거에 출간했던 투자법

책에서 물타기에 가까운
투자법을 추천했었다.
분할 매수가 바로 그것
이다.

하지만 내가 추천한
분할 매수와 물타기는 전
혀 다르다. 분할 매수는 처음부터 시간과 리스크의 분산
효과를 잘 활용하는 투자법으로, 싸서 산다기보다 자금을
미리 분할하여 매수를 자제하는 '달러 코스트 평균법'*에
가깝다.

이와 달리 무모하게 물타기 매수를 하는 투자자의 심리
는 대부분 무계획에서 비롯된다. 그리고 처음 매수했을 때
의 주가를 기준으로 그 주가보다 내려가면 손절하지 않고
물타기를 한다. 이 같은 대책 없는 무한 물타기는 결과적
으로 손실만 키운다.

내 경험을 바탕으로 말하자면, 물타기 매수를 하는 개

---

*　　　매달 일정 금액을 정기적으로 정해진 주식에 투자하는 투자법.

인 투자가의 절반은 투자 실패로 끝내 자산을 잃었다. 역시 주식 투자는 주가가 내린 후 허겁지겁 사는 것보다 주가가 내려갈 때까지 차근차근 끌어모아서 사는 쪽이 압도적으로 유리하다.

내려갈 때까지 기다렸다가 사고 오를 때까지 기다렸다가 파는 것이야말로 투자가로 성공하는 대원칙이다. 단순히 주가가 내려갔다고 매수하여 수량을 늘리는 행위는 너무 무계획적이라 실패할 확률이 높다. 평균 단가가 내려가면 성공하기 쉽다는 발상은 투자가의 교만한 희망 사항에 불과하다.

물타기는 실제로 언제 주가가 오를지 모르고 무모하게 지는 게임에 투입하는 부금을 늘리는 것에 지나지 않는다. 부금이 는다는 것은 결과적으로 리스크가 더 커짐을 의미한다.

매수하여 주식 수를 늘렸는가? 손실을 과도하게 피하려는 프로스펙트 이론에 사로잡힌 결과인가, 자금을 미리 분할해 전략적으로 매수한 결과인가? 가슴에 손을 대고 다시금 생각해보자.

매수 타이밍에 비해 비싼가, 싼가?

주가가 하락하면 이대로 더 떨어지는 건 아닐까 노심초사하게 마련이다. 그러면서도 사람들은 왜 주가가 내려갔을 때를 매수 타이밍이라고 느낄까? 여기에 준거 의존성 편향의 덫이 있다. 투자가는 애초에 어떤 종목의 주식을 살 때 오른 가격을 참고한다. 즉, 처음 본 주가가 기준이 되어 지금의 하락은 일시적인 것이 틀림없다는 착각에 빠져버린다.

이 준거 의존성 경향의 덫에서 벗어나려면 어떻게 해야 할까? **현재 시장 상황의 변화를 보고 앞으로의 투자 판단을 하는 것이 답이다. 과거에 매수한 가격과 상관없이 지금 사려는 가격이 적절한지를 판단하는 것이다.**

기존의 주가가 현재의 주가와 비교해도 유리하다는 판단이 서면 주식을 계속 보유하거나 추매하여 늘리면 된다. 이와 반대로 기업 실적이나 시장의 극적인 환경 변화로 불리한 상태가 되었다면 손절하는 편이 낫다.

준거 의존성 편향이라는 말의 뜻대로 투자가는 자기가 처음에 산 가격을 기준으로 그 가격에 집착하며 의존하려

한다. 이제부터는 매수한 순간부터 첫 매수가는 잊어버리자. 프로 투자가 중에는 첫 매수가를 일부러 기록해두지 않는 사람도 있다. 매수가에 멘탈이 흔들리지 않게 하기 위함이다. 대신 지금의 시황만으로 주가가 싼지 비싼지를 판단한다.

5승 1패에도
돈을 벌지 못하는 속 빈 강정

이때 까다로운 문제가 하나 있다. 바로 손실 회피성 편향과 준거 의존성 편향이 투자가의 심리에 서로 영향을 끼친다는 것이다.

일반적으로 사람들은 첫 매수가에 집착하여 가능한 한 손실을 회피하려고 한다. 그 결과, 수익은 적고 손실은 커지는 상황을 반복하게 된다. 그래서 현실에서의 주식 투자의 결과가 5승 1패라도 웬만해선 돈을 벌지 못하는 일이 발생한다. 속 빈 강정 같은 상황이랄까.

감정에 호소하는 종목일수록
투자 원칙대로 판단하라

인지 부조화 편향

계속해서 '인지 부조화 편향'에 관해 소개하겠다. 인지 부조화 편향이란 지금까지 소개한 프로스펙트 이론과 마찬가지로 심리적으로 편향된 판단을 하는 것을 의미한다. 좀 더 자세히 이야기하면 자기가 원하는 방향으로 주관적인 생각을 유도하는 것이다.

논리적으로 생각하고 차분하게 판단하면 이상하다고 느낄 만한 것도 인지 부조화 편향으로 치우친 판단밖에 할 수 없게 된다. 예를 들어, 객관적으로 보면 상당히 편중된 미디어 뉴스인데도 우리는 무심코 감정적으로 판단해버리

는 경우가 많다. 인지 부조화 편향이 우리의 뇌와 멘탈에 작용하기 때문이다.

버스나 택시는 타면서 왜 비행기는 피할까?

이런 대표적인 사례로 자동차 사고와 비행기 사고에 대한 태도를 들 수 있다. 미국교통안전위원회 조사에 따르면, 비행기 사고와 자동차 사고를 비교했을 때 자동차 사고가 일어날 확률이 비행기 사고에 비해 33배나 높다.

텔레비전과 신문에서는 하루가 멀다 하고 추돌 사고나 음주 운전 사고 등 비참한 교통사고 뉴스가 등장한다. 이에 비해 비행기 사고는 한 해에 한 번 일어날까 말까 한다.

그럼에도 비행기 사고가 일어나면 '역시 비행기는 위험하다'고 느끼는 사람들이 많다. 비행기 사고를 보도한 뉴스의 영향으로 버스나 택시는 타면서 비행기는 되도록 피하거나 심지어 절대 타지 않기도 한다.

사실 비행기 사고는 웬만해선 일어나지 않으므로 텔레비전 뉴스에서도 대대적으로 보도하는 경향이 있다. 그래서 우리에게 깊은 인상을 남기기 쉽다. 그 결과, 무심코 감정적으로 비행기는 무서우니까 타면 안 된다고 느끼게 되는 것이다.

그 외에도 투자나 회사 업무처럼 돈이나 권력이 얽혀 논리적인 판단이 요구되는 상황일수록 별 생각 없이 주관적이거나 감정적으로 판단해버리는 사례를 흔히 찾아볼 수 있다.

인지 부조화 편향의 영향을 크게 받는
테마형 투자 상품

인지 부조화 편향이 가장 강하게 나타나는 투자 상황은 테마형 투자 상품을 매수할 때다. **신흥국 투자를 비롯하여 탈탄소, 지구 환경, 에너지 등 해마다 놀랄 만큼 많은 테마형 투자 상품이 발매된다.** 이런 이슈는 매일 뉴스에서도 크게 다루어 눈에 확 들어오기 때문에 투자가의 감정에 호소력이 있다. 한마디로 판매하는 측에서는 팔기에 아주 좋은 상품이다.

게다가 이런 상품을 판매하는 사람은 '투자 어드바이저' 등의 그럴듯한 직함을 가진 이른바 영업의 프로로, 금융 지식보다 영업 스킬이 뛰어난 경우가 많다. 그들에게는 판매하기 수월한 포인트가 많이 집약된 테마형 상품의 자료를 프레젠테이션하는 것은 식은 죽 먹기다. 그리고 **테마형 상품을 적극적으로 추천하는 이유는 당연히 인지 부조화 편향을 이용하여 상대를 설득하기 쉬워서다.**

테마형 상품의 특징과 유의점

테마형 상품에 대한 내 생각은 이렇다. 극단적으로 말해 하루아침에 나락으로 떨어질 수 있음을 각오한다면 매수해도 좋다. 기본적으로 테마형 상품은 액티브 운용형 투자 상품이다.

액티브 운용형이란 지수에 연동하는 인덱스 운용형과 달리 증권사나 은행에 고용된 프로 트레이더가 종목을 골라 투자한다. 투자처나 테마가 압축되어 있으니 당연하다. 또한 프로가 고르거나 재편성하기에 국내 주가 지수 평균이나 미국 S&P500지수*에 연동하는 인덱스 운용형보다도 운용 효율이 떨어지는 것이 과거의 데이터로 입증되었다.

물론 모든 액티브 운용형의 효율이 낮은 것은 아니다. 하지만 일부러 힘들게 테마형 상품을 찾는 수고를 하면서까지 리스크를 무릅쓸 필요는 없다. 더군다나 테마형 상품은 대부분 유행이 짧아서 1년만 지나면 벌써 시대에 뒤처지는 비인기 상품이 되는 일이 허다하다.

---

* 미국의 Standard&Poor사가 작성하여 발표하는 주가 지수.

자신에게 유리하게
확대 해석하지 말라

메리트 확장 편향

인지 부조화 편향에서 파생된 또 다른 리스크로 자기에게 유리한 정보만을 수집하고 확대하여 분석하려는 편향이 있다. 이것을 이 책에서는 '메리트 확장 편향' 혹은 '계획 착오 편향'이라고 부르겠다.

주식이 오르기 시작하면 연일 미디어에서 "버블 후 최고가 갱신", "주식을 하지 않는 사람은 시대착오적"이라고 떠들기 시작한다. 심지어 증권사 영업 사원은 "지금 투자하지 않으면 노후에 고생한다"라며 닥치지도 않은 리스크를 들먹인다. 그런데 이때 메리트 확장 편향을 갖고 있는

개인 투자가는 지금 주식을 보유하지 않으면 남과 같은 메리트를 누릴 수 없다고 인식한다.

좀 더 신중하게 기다렸다가 사려고 했던 투자가마저 대중 심리에 휩쓸려 자금을 총동원하여 순식간에 주식을 사버리기도 한다. 하지만 대부분 그때가 시장의 꼭지일 때가 많아 결과적으로 하락과 동시에 큰 손실을 보는 투자가들이 속출한다.

대중 심리와의 반대 노선도 고려 사항

메리트 확장 편향은 타인에게 동조해버리는 편향 중의 하나다. 본래라면 개인 투자가는 기관 투자가나 뉴스 미디어와 보조를 맞추지 않고 자신이 정한 투자 타이밍에 매매하는 편이 훨씬 유리하다. 대중 심리에 따라 주식을 매매하는 동안에는 주식 투자의 승률을 높이기 어렵다.

한편 기관 투자가는 자산가나 각국에서 맡긴 돈을 운용한다. 그게 업무이므로 쉴 수가 없다. 일부 보험사나 연금 운용 등도 다르지 않다.

하지만 개인 투자가는 상관없다. 프로 트레이더의 필사적인 움직임을 곁눈질하면서 쉬어가거나 주가가 내려갈 때까지 기다리는 선택도 가능하다. 그런데도 시장의 광풍에 휩쓸려 대중의 움직임을 추종하여 손해 보는 쪽은 항상 개인 투자가다.

결과만 보면 프로 기관 투자가는 대중의 행동 심리를 잘 이용하여 치고 빠져버린다고 할 수 있다.

'돈을 못 벌면 어떡하지?'라는 생각에
흔들리지 말자

남이 돈을 벌든 잃든 상관없이 내가 돈을 벌 시나리오가 만들어졌

느냐가 중요하다. 개인 투자가니까 초조해하지 않고 자기에게 유리한 타이밍까지 시장을 기다리면 된다. 늦게 올라탔다고 무리하여 급하게 살 필요는 전혀 없다. 늦게 올라탄 것을 담담하게 받아들이면 된다.

이렇듯 냉정하게 글로 읽으면 누구나 고개를 끄덕이며 수긍할 것이다. 하지만 실전에 들어가면 '이러다 돈을 못 벌면 어떡하지?'라고 닥치지도 않은 리스크에 휘둘려 감정적으로 치닫기 쉽다.

맨 처음 생각했던 것에
의미를 두지 말라

콩코드 편향

이어서 '콩코드 편향'에 대해 소개하겠다. 콩코드 편향은 매몰 비용 편향Sunk Cost Bias이라고도 한다. 이것은 자신의 투자 예측이 빗나갔을 때나 자신의 바람과는 다른 현상이 일어났을 때 처음의 생각에 집착하여 그 후로도 생각을 바꾸지 못하는 심리 현상이다.

콩코드 편향이라는 명칭은 콩코드 항공기에서 유래했다. 콩코드를 개발했을 당시, 개발사는 예산을 훌쩍 넘어 버려 취항 시에 이미 적자가 불을 보듯 훤했다. 적자 상태 그대로 운용하다 보면 점검과 정비에 소홀해지고 이것

은 인명과 직결될 것이
뻔했다. 하지만 개발사
는 지금까지의 연구 비
용과 투자한 시간을 회
수하는 것을 우선하여 결국
반대 의견은 무시하고 계획대로 취항했
다. 그 결과, 2000년 항공기 추락이라는 대참사를 맞았다.

처음 생각을 고집하다 틀린 판단을 한다.

이 영업 계획은 분명 대박일 거야.

PLAN

후배

왜 실패를 인정하지 못할까?

콩코드 개발사는 적자가 확실하게 예상되었을 때 왜 실패를 인정하지 않았을까? 주식 투자에게도 같은 말을 적용할 수 있다. **주가가 하락하는 낌새를 느꼈다면 원점으로 돌아가 다시 생각하고 분석할 필요가 있다.**

패배를 인정하라는 말이 아니다. 콩코드 편향의 덫에 말려들지 않도록 원점으로 돌아가 백지 상태에서 시나리오를 다시 써보라는 조언이다. 하지만 대부분 투자가는 그렇게 하지 않는다. 오히려 반대로 행동하려 한다.

'지금의 급락은 일시적인 거야.'

'경제 신문도 같은 말을 했어.'

'유명 애널리스트가 텔레비전에서 조금 있으면 주가가 오른다고 했어.'

이처럼 자기가 믿고 싶은 정보만 찾아내 스스로 납득하려 한다. 이것이 콩코드 편향의 정체다. 이 상태에서 객관적인 판단이 가능할까? 아마 절대 안 될 것이다.

노트에 적으면 객관적으로 받아들일 수 있다

나는 이 편향을 피하려고 노트에 투자 시나리오를 적는다. 노트에 적으면 매사를 객관적으로 받아들이게 된다. 어떤 의미에서 이것은 '내 뇌 속'에 있다는 소유감 때문에 주관적이었던 사고가 외부로 나오면서 초래되는 작용이다. 노트에 적는 것으로 소유감이 사라져 객관적으로 판단하기 쉬워진다. 걱정거리 등을 끼적이면 어느덧 마음이 차분해지고 사고가 정리된다.

그래서 나는 가끔 일부러 노트를 펼쳐 새로운 정보나 시나리오를 함께 써내려간다. 이렇게만 해도 사고가 정리되어 한층 객관적인 투자 판단을 할 수 있다.

소유한 종목에
지나친 애착을 갖지 말라

보유 효과 편향

우리에게는 자신이 소유한 물건의 가치나 가격을 높게 평가하는 경향이 있다. 이를 행동 경제학에서는 '보유 효과 편향'이라고 한다.

값비싼 브랜드 아이템에 대해 "돈이 아깝다", "그만한 가치가 없다"라고 깎아내리던 사람도 그 물건이 자기 수중에 들어오면 그때까지 했던 말이 거짓말인 양 긍정적으로 평가한다. 그 이유는 소유물에 애착이 생기면 단점을 보완할 정보를 멋대로 수집하기 때문이다.

예를 들면 다음과 같은 식이다.

- 이 브랜드는 창업 이래 모든 공정을 수작업으로 한다.
- 친환경 염료를 사용하고 있다.
- 이 회사 로고는 산업혁명 때 상징이었을 정도로 유서 깊다.

이처럼 전혀 그 브랜드에 관심이 없던 사람이 어이없을 만큼 그 소유물에 대해 박식해지기도 한다.

종목에 대한 집착은 걸림돌밖에 되지 않는다

주식 투자에서 성공하려면 종목에 대한 집착은 걸림돌밖에 되지 않는다. 아무리 호재가 많은 종목이어도 지나치게 많은 투자가가

그 주식을 보유하면 추진력을 잃어버린다. 그러다 보유자들이 더 이상 그 주식을 사지도 팔지도 않게 되면 이른바 버블이 터지기 직전이 된다.

미디어가 "버블"이라고 외치기 시작한 무렵이 가장 상승세가 강할 때라는 말이 맞다. 주식 보유자가 소유한 종목에 빠져 내려놓으려 하지 않는데, 그 종목을 사려는 사람은 계속해서 늘어나므로 시장은 상상 이상으로 강하게 급상승한다.

내 경험상 그로부터 얼마 못 가서 문제가 발생하는 경우가 많았다. 이유는 지금까지 설명한 바와 같다. 시장에 발을 들인 모두가 원하는 대로 주식을 손에 넣는 바람에 추진력을 잃어버린 것이다.

본전 생각에 더 큰 손해를
만들지 말라

앵커링

앵커링이라는 말을 알고
있는가? 앵커는 물 밑바
닥과 배를 묶는 닻이다.
예를 들면, 먼저 보았던 수
치 등이 심층 심리의 앵커가
되어 합리적인 판단이 흐려지
는 것을 가리킨다. 심층 심리의

앵커는 우리가 첫인상에서 벗어나 자유롭게 생각하거나
행동하는 것을 무의식중에 방해한다.

개인 투자가를 괴롭히는 것 중 하나가 매수한 주식을 묵히고 있는 것이다. 주식을 손절하지 못하는 것도 사실이 '앵커링' 심리 때문일 때가 많다.

본전 생각에 미적미적하다 보면
손해는 점점 커져

한 예를 들어보겠다. 주식의 매수 타이밍이 최고가에 앵커링이 된 경우다. 어떤 종목을 300만 원에 샀는데 200만 원까지 내려갔다고 하자. 이때 본전 300만 원이 머릿속에 단단히 박혀 손절도 못 하고 미적미적 시간만 끌다가 결국 옴짝달싹 못 하게 되었다. 급기야 증권 계좌를 쳐다보기조차 싫어진다. 나는 이런 상황에 놓인 개인 투자가들을 수없이 보았다(실제 이 책의 독자 대부분도 같은 고민을 안고 있지 않을까?).

시장이나 시황은 시시때때로 변한다. 원래 제대로 된 투자가라면 오늘의 주가만 보고 비싼지 싼지를 냉정하게 판단해야만 한다. 과거의 주가는 상관없다. 그런데도 자기가 산 주가에 얽매이는 것은 앵커링의 덫에 마음이 묶여 있다는 증거다.

손해를 볼수록 주식을 묵혀서 본전으로 만회하겠다고 기대하는 사람들이 있다. 이들은 매수가로 되돌아갈 수도 있다는 실낱같은 희망을 품는다. 이것이 결국 보란 듯이 당신의 발목을 잡는 앵커링 종목이 된다.

화제성 높은 종목은
반드시 실속을 따져라

폰 레스토프 효과

사람의 기억에는 취향과 상관없이 인상 깊거나 눈에 띄는 것이 잘 남는다. 이 현상은 소아과 의사 헤드윅 폰 레스토프가 발견했으며, 여기에서 '폰 레스토프 효과'라는 용어가 생겼다.

　다음과 같은 실험이 있었다.

- 실험 대상자에게 다양한 동물 사진을 보여준다.
- 그중에서 개나 고양이를 찾으라고 지시한다.

이후 실험 대상자의 눈 움직임을 관찰하여 실제로 어떤 동물을 주목하는지를 확인해보았다. 그 결과, 눈의 움직임은 개나 고양이가 아닌 사자

위협적·특징적·권위적인 것에 의식이 향하기 쉽다.

나 화려한 무늬가 있는 뱀을 향했다. 이 실험으로 사람의 의식은 자신에게 위협적으로 느껴지는 것, 혹은 특징적이거나 권위적인 것을 향한다는 사실이 밝혀졌다.

화제나 관심이 쏠리는 종목일수록 주의가 필요

주식 투자를 하다 보면 새로운 기업 공개 종목이나 가격 변동이 큰 종목에 관심이 집중되기 쉽다. 그런 종목이 사람의 기억에 우선으로 남기 때문이다. 따라서 뇌의 인상을 좌우하는 폰 레스토프 효과를 염두에 두면서 그 효과가 종목의 바른 선택이나 판단을 흐리게 하는 건 아닌지 충분히 주의를 기울여야 한다.

강렬한 대중 심리가 버블을 만든다는 점을 기억하라

갬블러의 오류

룰렛이나 주사위 등은 과거의 현상에 좌우되지 않고 그 결과가 독립적으로 나온다. 한마디로 매번 어떤 눈*이 나올지 사전에 예측할 수 없다. 이처럼 명확한 패턴이 존재하지 않음에도 흐름을 예측하고 다음에 어떤 눈이 나올지 예측하는 것을 '갬블러의 오류'라고 한다.

20세기 초 어느 카지노에서 룰렛의 눈이 26회 연속으로 검정이 나온 적이 있다. 당시 신문과 텔레비전 등의 미디

---

*   수치, 양, 길이 등을 나타내는 점을 가리킴.

어에서도 크게 다룰 만큼 화제였다. 이런 일이 일어날 확률은 수천만 분에 일에 불과하다. 아마 그 자리에 있던 사람들 모두가 무의식중에 역사적 순간에 함께하기를 기대하며 연속으로 검정이 나오기를 바랐을 것이다.

투자가의 열광과 염원이 버블의 원천

이처럼 **시장은 참가하는 사람들의 염원이 강해지면 강해질수록 트렌드가 강력해진다.**

투자가의 열광이 상승 트렌드를 형성한다.

매출이나 차트를 보면 분명 사람들이 지나치게 사들이고 있는 경우가 있다. 앞으로 더 오를 거라는 대중 심리에 따른 기대 때문이다. **버블 현상도 사람들의 이런 열광과 염원이 쌓여서 일어나는 역사적 오류라고 할 수 있다.**

심리적 약점은
최강의 무기로 바뀐다

이번 장에서는 행동 경제학과 행동 금융학의 핵심이라 할 수 있는 각각의 요소와 특징을 소개했다. 특히 '인간은 합리적이어서 항상 효율적인 선택을 한다'는 일반적인 생각이 오해임을 행동 경제학을 바탕으로 증명했다.

심리적 약점은 큰 기회일 수 있다

확실히 인간은 다양한 감정에 휘둘린다. 주저, 갈등, 공포, 욕망, 과신 같은 멘탈의 요소가 비합리적인 행동을 하게 우리를 유혹한다.

투자가에게 심리적 약점은 동전의 양면과 같다. 두려움 반, 큰 기회 반이다. 많은 사람이 주저하다가 냉정을 잃고 행동한다. 이를 숙지하고 선수를 쳐서 앞지를 수 있다면 큰돈을 벌 가능성이 커진다.

마냥 선량한 사람은 주식 투자로 돈을 벌 수 없다. 투자란 본래 비즈니스여야 한다. 취미나 오락이 아니다.

- 사람들이 공포에 질려 있을 때 기회를 엿본다.
- 사람들이 열광에 휩싸여 있을 때 냉정해진다.
- 사람들의 판단이 흐려졌을 때 합리적 사고를 하여 선택지를 늘린다.

당신이 심리적 덫을 잘 파악하고 지식화한다면 이는 반드시 강점이자 무기가 될 것이다. **인간이 타고난 심리적 약점을 극복하고 똑똑하게 수익을 올린 투자가만이 많은 이익을 거머쥘 수 있다.**

행동 경제학과 행동 금융학의 지식을 살려 성공한 투자

가로 성장하려면 어떻게 해야 할까? 다음 4장에서는 이 질문에 대한 답을 자세히 제시하겠다.

계속 성공하는 투자가는
정보에 현혹되지 않는다

사람들은 대부분 투자를 시작하기 전에 본인에게는 관련 지식이 없다고 여겨서 프로 투자가나 애널리스트에게 조언을 구하려 한다. 하지만 이것은 오해에서 비롯된 행동이다. 프로 투자가나 애널리스트는 영업이나 분석의 프로지 투자의 프로가 아니기 때문이다.

이 같은 생각을 해본 적이 없는가? 그렇다면 다음 이야기에 주목하라. 매우 중요한 관점이니 말이다.

투자에서 성공하려면 먼저 본인 스스로가 투자의 프로가 되어야 한다. 지난 23년간 투자하며 직접 수많은 실패를 경험했기에 나는 이 말만큼은 확실하게 할 수 있다.

거친 파도가 치는 시장에서도
돈 버는 투자가가 진정한 프로

안타깝게도 대부분의 개인 투자가는 이 사실을 알지 못한다. 그래서 편안하게 돈 버는 방법을 찾거나 투자 조언을 업으로 하는 프로에게 맡겨버린다.

왜일까? 이것은 지성이나 판단력 문제는 아니다. 지금 껏 소개해왔던 대로 투자가의 심리는 행동 경제학으로 설명된다. 전문가를 신뢰하고 조언을 구하는 것도 권위에 약한 인간의 심리에서 비롯된다.

이를테면 증권사나 은행 창구에 있는 영업 직원은 '파이낸셜 어드바이저' 등의 그럴듯한 직함을 갖고 있다. 많은 개인 투자가가 이를 보고 상대 직원이 자신과는 차원이 다른 투자의 프로라고 착각해버린다. 하지만 **냉정하게 생각하면 상담 창구에 있는 사람보다 오랜 기간 시장의 거친 파도에 부대끼며 돈을 번 경험이 풍부한 투자가야말로 프로 중의 프로다.**

이치럼 이 책에서 소개하는 성공적인 투자가가 되기 위한 행동 경제학과 행동 금융학을 이해하면 간파할 수 있는 모순이 세상에는 널려 있다. 정보에 현혹되지 않고 성장이나 실패를 경험 삼아 현명하게 판단한다면 바른 트레이딩을 할 수 있고 결과적으로 투자가로서 성공할 수 있을 것이다.

내 행동을
어떻게 제어하면 좋을까?

개인 투자가는 대부분 자신의 심리 상태가 중요하다고 생각하지 않는다. 그보다는 자기가 무엇을 알고, 그 정보가 얼마만큼 정확한지를 더 중요하게 여긴다. 그렇게 하는 이유는 투자가로서 성공하려면 남보다 많은 정보를 가져야 한다고 오해해서다. 정보의 우열만이 승패를 가른다고 굳게 믿는 탓이다.

이 같은 잘못된 선입관에 사로잡히는 원인은 무엇일까?

'많은 돈을 벌고 싶은데 너무 힘든 일은 싫다.' 투자 공부를 하거나 자기 계발을 하는 등의 시간적인 부담은 지고 싶지 않다.' 사람들은 이렇게 생각하기 쉽다. 이처럼 애써 노력해서 상황을 바꾸려 들지 않고 돈만 가능한 한 많이 벌고 싶어 하는 것을 행동 경제학에서는 '현상 유지 편향' 이라고 한다.

변화하려는 노력 없이
안전만 고집하면 손실은 당연

현상 유지 편향이란 이를테면 다이어트를 위해 운동을 해야 하는 상황인데도 이를 미루거나, 사회적으로 정리 해고가 늘고 있는데도 자기 계발을 위한 공부를 소홀히 하는 등 현상을 바꾸려는 노력을 하지 않는 심리적 작용을 가리킨다. 누구나 이처럼 크든 작든 다양한 현상 유지 편향에 시달리고 있다.

뇌신경학의 대뇌생리학 분야에서 보면 사람이 현상 유지 편향에 사로잡히는 데는 이유가 있다. **현상을 유지하고 싶어 하는 욕구는 인간의 생존 본능과 직결된다.** 원래 아프리카 사바나나 극한 지역의 동굴에서 맹수들의 습격에 노출된 채 나무 열매나 약간의 작은 동물을 나누어 먹으며 생활해 온 우리 선조는 되도록 현상을 유지함으로써 집단의 안전을 지켰다. 당시에는 한 사람의 돌출된 행동이 자칫 집단 전체를 위험에 빠트리기도 했을 것이다. 여기에서 비롯되어 인간에게 깊이 새겨진 유전자는 우리에게 현상을 유지해야만 한다는 편견을 뇌에 심어 놓았다.

그러나 현대와 같이 안전한 사회 속에서 현상 유지 편향은 성장을 멈추는 큰 요인이 된다. 공부를 게을리하며 현상을 바꾸지 않아도 되는 방법을 찾거나 프로 투자가라는 사람의 말만 듣다가 손실을 보는 일은 현상 유지 편향이 초래했다고 볼 수 있다.

행동을 제어하는 데 도움 주는 질문들

성공한 투자가는 '내가 무엇을 알고 있는가'보다 '내 행동을 어떻게 조절하는가'를 중요하게 여긴다. 구체적으로는 다음 다섯 가지다.

- 심리석으로 안정된 상태를 유지하는가?

- 욕망을 품고 투자하고 있지는 않은가?

- 공포를 극복하고 타이밍을 놓치지 않고 바르게 행동하는가?

- 이런 원칙을 일관성 있게 지키는가?

- 이런 원칙하에 적절한 속도로 성장 중인가?

이 질문들이 안내하는 바람직한 멘탈 상태만이 최종적으로 당신이 성공적인 투자가로 남을지를 결정할 것이다.

투자가를 위험에 빠뜨리는
'닥치지도 않은 리스크'

개인 투자가가 빠지는 또 다른 덫으로 '닥치지도 않은 리스크'가 있다. 핵심 중의 핵심이니 확실히 기억해두자.

우리에게 가장 중요한 것은 좋은 타이밍에 어떻게 돈을 벌 것인가다. 남이 주식에서 얼마나 돈을 벌었는지, 어떤 종목으로 돈을 벌었는지는 비교할 거리가 못 된다. 이 책에서 여러 차례 반복해서 이야기했듯 방향은 자기 자신을 향해야 한다.

그런데 여기까지 읽은 사람들 대부분은 이 덫에 빠진 경험이 있을 것이다. 나조차 그런 덫에 빠졌었으니 말이

디. 투자를 시작한 초기 무렵이었다. 당시에 나는 투자 잡지에 소개된 성공한 트레이더와 스스로를 비교하며 자신감을 잃고 초조해했다. 그러다 자산 이상의 레버리지를 건적이 있다.

남과 자신을 비교하는 것은 결코 바람직한 행동이 아니다. 이 점을 잘 알고 있어도 우리는 무심코 타인과 자신을 비교하곤 한다.

닥치지도 않은 리스크의
진짜 정체는?

하루가 멀다고 미디어에 등장하는 돈을 벌었다는 다른 투자가와 자신을 자꾸 비교하게 된다. 나만 빼고 다른 사람 모두가 돈을 버는 것 같아서 초조해진다. "파이어를 했다", "투자로 10억을 벌었다"라는 말을 들을 때마다 손 놓고 있는 자신에게 죄책감마저 든다….

'닥치지도 않은 리스크'에 빠지면 이런 증상들을 보인다. 더군다나 '지금 수익을 올리는 페이스로는 뒤처질지 모른다', '신용 거래로 레버리지를 걸어서라도 보유 종목을 늘려 수익을 올리는 데 집중하자'라는 엉뚱한 결론에 이를 위험이 있다.

최근 일본에서는 레버리지 붐이 일었다. 많은 이가 제대로 공부도 하지 않은 채 주식에 손대거나 신용 거래의 리스크 허용치까지 넘겨버린 원인이 여기에 있다.

개인 투자가가 닥치지도 않은 리스크에 빠지는 심리는 앞서 프로스펙트 이론을 설명할 때 다루었듯 손실을 강하게 느끼는 데서 비롯된다. '다들 사니까 나도 사야 한다'라는 식으로 초조한 기분이 드는 것을 행동 경제학에서는 '하딩 효과Hading Effect' 때문이라고 한다.

하지만 애초에 개인 투자가가 초조해할 필요는 없다. **개인 투자가의 주요 전쟁터는 다름 아닌 자기 자신이다. 자신을 기준으로 적절한 원칙을 세우고 바른 트레이딩을 계속하면 반드시 돈을 번다. 남과의 비교는 오히려 불필요한 초조함이나 욕망 같은 감정을 낳아 바른 판단을 해치는 원인이 될 뿐이다.**

개인 투자가는
전문가인 기관 투자가와 싸울 필요가 없다

흔히 개인 투자가라면 프로 기관 투자가를 반드시 이겨야 한다고 한다. 정보전에서도 이겨야 한다고 한다. 하지만 지금까지 누누이 말했듯이 중요한 것은 당신이 계속해서 바르게 트레이딩을 할 수 있느냐다. 개인 투자가라면 기관 투자가와 싸울 필요 자체가 없다.

나는 투자가로 활동하는 동시에 20년 가까이 회사를 경영하고 있다. 직원 수가 20명 정도 되는 작은 규모의 광고 회사다. 일본의 유명 광고 회사인 덴츠電通나 하쿠호도博報堂와는 비교 자체가 무색할 정도다. 모두가 똑같이 광고업에 종사하긴 해도 규모만이 아니라 거래처나 다루는 서비스가 완전히 다르다.

만일 내 회사가 무리하게 덴츠에 승부를 걸었다가는 오히려 리스크가 높아질 것이다. 마찬가지로 기관 투자가는 자신들만의 척도와 원칙으로 시장에서 싸워 수익을 올린다. 개인 투자가와는 전혀 다른 차원의 존재다.

그러므로 기관 투자가 쪽으로 눈을 돌릴 게 아니다. '내가 성공할 수 있는 패턴은 무엇인가?', '어느 정도의 리스크를 허용하여 돈을 벌고 싶은가?' 등의 화두에 눈을 돌려야 한다. 이것이 행동 경제학에서 다루는 프로스펙트 이론의 덫에 빠지지 않는 방법이다.

리스크 허용도와 리스크 내성의
균형을 잡아라

1장에서 상위 3퍼센트 투자가의 원칙 중 하나로 '주식 투자의 리스크를 받아들인다'라는 원칙을 소개했다. 이 원칙에서 말하는 리스크에는 두 종류가 있다. '리스크 허용도'와 '리스크 내성'이다. 간단하게 정리하면 다음과 같다.

리스크 허용도

리스크 허용도는 기본적으로 당신이 가진 자산으로 정해진다. 예를 들어 1천만 원의 자산을 가진 사람과 10억 원의 자산을 가진 사람의 리스크 허용도는 전혀 다르다.

이는 신규 사업이나 창업을 할 때도 마찬가지다. 당신이 갖고 있는 자본력에 따라 리스크 허용도는 달라진다.

리스크 내성

리스크 내성은 당신의 성격으로 정해진다. 약간의 손실조차 용납하지 못하는 사람은 내 주위에도 상당히 있다. 조금 과장해서 말하면 그런 사람은 설령 수십억 원의 자산이 있더라도 절대 손실을 허용하지 못한다. 반대로 전 자산인 1천만 원의 질반인 500만 원을 잃고도 태연한 사람이 있다.

이것이 성격에 따른 리스크 내성이다. 돈의 많고 적음이 아닌 당신의 성격이 어느 정도의 손실을 허용하느냐 하는 척도가 리스크 내성을 정한다.

자신의 성격을 정확히 아는 것에서 시작하라

그렇다면 앞서 언급한 두 가지 사례 가운데 어느 쪽의 사람이 더 주식 투자에 맞는 성격일까? 언뜻 손실을 용납하지 못하는 사람이 주의가 깊어 주식 투자에 유리할 것이라 생각할 수 있다. 하지만 내가 보기에 꼭 그렇지만도 않다.

- 적은 손실을 두려워한 나머지, 사야 할 종목의 매수 타이밍에 행동하지 못한다.
- 급락이나 폭락 때마다 기분이 가라앉는다.

이런 일이 반복되면 투자에 성공하기도 전에 멘탈이 먼저 무너진다. 그럼 리스크 내성이 높은 것이 좋을까? 그것도 아니다. 리스크 내성이 너무 높으면 리스크를 오인하고 레버리지를 과하게 걸어 큰 손실로 이어질 수 있다.

리스크 허용도와 내성은 어디까지나 균형이 중요하다. 이 균형을 최고로 잘 잡으려면 먼저 자신의 성격을 알아야 한다. 그런 가운데 '리스크 허용도와 리스크 내성의 균형을 고려하며 어떻게 자산을 운용할 것인가?'를 명확히 할 필요가 있다.

초보 투자가는
'자기 봉사 편향'에 주의!

막 투자를 시작한 초보자가 주식 멘탈을 익힐 때 특히 주
의해야 할 것이 '자기 봉사 편향'이다.

● 어쩌면 나에게 투자 재능이 있는 건 아닐까?

● 이대로 내 재능이 꽃피면 몇십 억쯤이야 식은 죽 먹기지!

투자에 계속 성공하면 저절로 이 같은 생각이 들 수 있
는데 이것은 '자기 봉사 편향'의 영향이다. 투자를 시작한
지 얼마 안 된 초보자가 빠지기 쉬운 마음의 덫이니 주의

하자. 초보 투자가가 승리에 취한 나머지, 자기 봉사 편향의 덫에 빠져 헤어 나오지 못하는 것은 어쩌면 당연하며 이런 일은 누구에게나 일어날 수 있다.

성공하면 시장 덕, 실패하면 내 탓

우쭐해하며 남에게 자랑하는 것도 시장이 좋을 때 이야기다. 그런 시기마다 나는 마음속으로 다음 문구를 수없이 되뇐다.

"성공하면 시장 덕, 실패하면 내 탓."

이 문구는 내가 23세부터 주식 투자를 해오면서 성공을 바라며 수없이 되뇐 말들이 집대성된 것이다. 나는 이 문구 덕에 성공할 수 있는 멘탈을 손에 넣었다고 자부한다.

지금까지 반복해서 강조했듯, 주식의 승률은 주로 자신의 멘탈에 좌우된다. 그래서 가능한 한 방향을 자신에게 돌리면 투자가로 성공하는 데 한 발짝 다가서기 쉽다.

무사를 시작할 무렵 나는 의기양양해하며 주위 친구에게 자화자찬하곤 했으나 실제 투자 결과는 신통치 않았다. 하지만 실패의 문턱에 서 있음을 스스로 깨우치고부터 투자 성적이 오르기 시작했다. 이것은 매우 중요한 주식 멘탈 상태다. 대부분 시장의 꼭지가 가까워지면 열기도 욕망도 무시무시하다. 이렇듯 가장 방심하기 쉬운 때일수록 더욱 현실을 자각해야 한다.

나도 기세등등하게 우쭐댔던 흑역사가 있다

나 또한 막 주식 투자를 시작했던 무렵에는 자기 봉사 편향에 빠진 투자가 중 한 명이었다. 당시는 IT 버블 붕괴 직전으로, 1989년부터 2000년에 걸쳐 계속 하락한 니케이 평균 주가가 바닥을 친 후 다시 세력을 되찾고 있었다. 연일 어제와는 다른 종목이 급등하고 투자가가 덤벼드는 일이 반복되면서 니케이 평균 주가는 계속해서 상승했다.

솔직히 누구나 주식을 샀다 하면 돈을 벌 타이밍이었다. 실제로 나도 그랬다.

이때 자기 봉사 편향으로 투자 천재가 아닐까 믿어 의심치 않던 나는 친구에게 트레이딩 기법에 대해 자랑스럽게 떠벌렸다. 게다가 주식에 관심 없는 부하 직원까지 붙들고 투자 타이밍을 가르치려 들었다. 지금 돌아보면 얼굴이 화끈 달아오른다. 그러나 당시에는 시장에 흥분하여 완전히 마음을 지배당한 상태였다.

그런데 신기하게도 투자 이력이 10년을 넘어가면서부터 자기 봉사 편향이 스르륵 사라졌다. 남에게 자랑질도 일절 하지 않게 되었다. 오히려 남이 물어도 자세하게 답해주지 못하는 신기할 지경에 이르렀다. 이것은 오랜 세월의 투자 경험으로 방향이 상대가 아닌 자신에게 향해서라고 나는 해석한다. 멘탈이 차분해지고 시장의 열광에서 거리를 둘 수 있게 되었기 때문이라고도 할 수 있다.

워런 버핏의 자산이 급증한 것은
60세가 넘고부터

리스크와 마찬가지로 마음에 둔 승률도 사람마다 제각각이다. 내 경우는 10회 싸워서 3회 패하는 게임을 반복하고있다. 대신 나머지 7회의 수익을 착실하게 늘린다. 그런다음 배당을 얻고 재투자하여 복리로 점점 자산이 불어나도록 운용한다.

복리 효과는 소소하지만 대단하다

복리로 자산을 불려나갈 때 시작은 아주 소소하다. 그러나

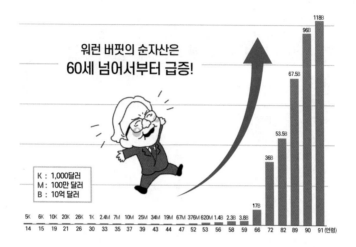

시간이 지남에 따라 그 효과는 급속도로 커진다. 실제로 워런 버핏도 복리 효과를 활용하여 세계 유수의 억만장자가 되었다.

위의 그림은 버핏의 자산 증식을 나타낸 그래프인데, 자산의 움직임에 놀라지 않을 수 없다. 그는 10대부터 투자를 시작했지만, 자산이 급격히 늘어 세계적으로 이름을 떨친 것은 60세를 넘기고부터다. 그때까지 그는 복리 효과로 착실하게 자산을 늘려나갔다.

자산은 하루아침에 구축되는 게 아니기에 시간과 인내

가 필요하다. 반대로 말해 인내력이 없는 사람이 투자하면 비참한 결과를 맞을 수 있다. 그런 투자가는 감정적으로 판단하기 쉬워서 상승장에서 고가에 주식을 잡았다가 하락장에 놓아버리기 일쑤다.

주식 투자가 적성에 맞는지 어떤지는 처음에는 아무도 모른다. 그렇다면 시간을 내 편으로 만들고 투자 리스크를 줄여 장시간 꾸준히 해야 기회가 많아지지 않겠는가? 개인 투자가에게 버핏이 추천하는 장기 운용은 전략 중의 왕도라고 할 수 있다.

이상적인 주식 멘탈을 유지하도록
힘을 분산한다

투자가가 투자에 실패하면 시장을 점령하려는 잘못된 행동으로 치닫기 쉽다. 혹시 시장이 당신에게 그렇게 시킨다고 느끼는가? 아니다, 그건 틀렸다. 사실 3장에서 소개한 프로스펙트 이론의 손실 회피성 편향의 영향으로 당신이 마음을 제어하지 못해 그런 행동을 하게 되는 것이다.

보복 투자는 오히려 독이 된다

시장에서의 패배를 시장에서 갚으려는 행동을 '보복 투자'

라고 한다. 보복 투자를 할 가능성이 있는 심리 상태에서 트레이딩하는 것이 가장 위험하다. 냉정함을 잃었을 것이 분명하기 때문이다. 마치 계기나 조종간 없이 비행기를 조종하는 셈이랄까. 냉정한 판단을 할 수 없는 상태 그대로 하늘을 날면 사소한 리스크조차 피하기 어렵다. 이토록 위험한 상태에서 트레이딩을 반복하면 결국에는 파산을 맞을 게 뻔하다.

그렇다면 투자가의 심리 상태가 이렇게 된 것은 시장을 잘못 읽거나 테크니컬 분석이나 펀더멘탈 분석을 만만하게 본 결과일까? 사실 전부 멘탈 문제다. 자신의 멘탈을 조절하지 못한 것이 실패의 요인임을 한시라도 빨리 깨달아야 한다.

이 책에서 반복적으로 경종을 울려왔던 이유도 여기에 있다. 꼼꼼하게 재무 분석을 하고 테크니컬 분석으로 지수를 거듭 검증했더라도 결과적으로 실패한 근본 원인은 자신의 심리 상태에 있다.

성공했을 때는 그 공을 테크니컬 분석이나 재무 분석으로 돌리는 게 좋다. 하지만 계속 실패하고 있는데도 여전히 분식이 부족해서라고 생각하는 개인 투자가가 너무 많아서 솔직히 심히 걱정스럽다. 어떻게든 시장의 불확실성을 줄이고 싶은 마음은 이해하나, 거듭 시장을 분석한들 불확실성을 100퍼센트 없앨 수는 없다. 아무리 지식의 양을 늘려도 실패를 아예 하지 않는 것은 불가능하다.

트레이딩을 일관되게 반복하는
복리의 힘

무엇보다 당신의 심리 상태를 알고 마주하는 것이 중요하다. 주식 투자에서 성공하기 위한 이상적인 멘탈 상태, 그것을 유지하는 데 힘을 할애하라. 이제 그 중요성을 자세하게 이야기하겠다.

내가 말하는 주식 투자로 수익을 올린다는 것은 일관되게 트레이딩을 반복하는 중에 복리 효과의 힘으로 자산이 축적되는 것을 뜻한다. 이때 '일관되게 트레이딩을 반복하는 것'이 핵심이다. 계속해서 같은 성공 기법을 반복적으로 행하라는 것이다. 그러려면 외적 환경보다 일단은 투자가의 심리 상태가 매우 중요하다.

만일 주식 투자에서 성공을 거둘 수 있는 멘탈을 갖춘 뒤 행동하지 않는다면 어떻게 될까? 당연히 앞서 행동 경제학을 바탕으로 여러 번 이야기했듯이 자산이 늘기는커녕 점점 잃을 확률이 커진다.

이상적인 심리 상태를 유지하는
상위 3퍼센트의 마인드

투자가 20만 명을 대상으로 설문 조사를 한 결과, 주식 멘탈을 손에 넣은 상위 3퍼센트의 투자가는 트레이딩에서 심리 상태의 중요성을 이해하고 있었다. 또한 최고의 심리 상태를 유지하기 위해 지금부터 소개하는 다섯 가지 마인드 원칙을 철저히 지키고 있었다.

마인드 ①

리스크를 가시화한다

리스크를 가시화한다는 말은 너무 많이 들어 익숙하지 않은가? 이를 한마디로 표현하면, 투자 시나리오를 세우는 것이다.

상위 3퍼센트의 투자가는 어떤 일이든 일어날 수 있다고 가정한 다음, 투자 전략이 포함된 시나리오를 만든다. 시장이 자신의 시나리오에서 벗어나면 현금 보유율을 높이거나 한차례 손절하고 냉정을 되찾는다. 반대로 자신의 시나리오가 들어맞는다면 일관성 있게 지금까지 한 대로 원칙에 따르면서 확정 이익을 반복하여 쌓는다.

주식 투자의 승리는 일관되게 자신을 유지하기 위한 투자 시나리오를 철저히 세우는 데에서 시작된다.

마인드 ②

결정이 틀렸을 때의 회복 플랜을 준비한다

상위 3퍼센트의 투자가는 앞이 보이지 않는 불확실한 주식 투자를 할 때 잘못될 경우를 대비하여 다음 단계까지 마련해둔다. 중장기 시나리오나 달성할 목표를 그리는 것도 중요하지만, 거기에 도달하려면 시도와 실패를 고속으로 돌릴 엔진이 필요하다. 그것이 이 책에서 말하는 회복력이다.

좋은 전략에는 실패가 따르게 마련이다. 아니, 실패가 따른다기보다 좋은 전략에는 처음부터 효과적인 회복 플랜이 마련되어 있다고 하는 게 맞겠다.

주식 시장의 정보는 매우 많은 데다 전달 속도까지 빨라, 일반적으로 뉴스에 나올 즈음에는 대부분 이미 주가가 오를 만큼 올라 있다. 이런 정보를 밤낮으로 좇다 보면 단순히 눈앞의 트레이딩에 휘둘려 실패한 원인조차 알지 못하고 투자가 끝나버린다.

주식 투자를 하는 이상에는 누구에게나 실패가 따르는 법이다. 따라서 실패하더라도 투자 시나리오나 거래 과정을 재점검하여 만회할 수 있는 대책을 준비해두어야 한다. 이것이 앞으로의 투자에 큰 도움이 될 것이다.

마인드 ③

시장의 전부를 알아야 한다고 생각하지 않는다

상위 3퍼센트의 투자가는 시장의 모든 것을 알아야 한다고 생각하지 않는다. 미지의 것도 받아들이고, 자기가 알지 못하는 것이 항상 시장에 존재한다는 사실도 자연스럽게 받아들인다. 이처럼 시장에는 자기가 알지 못하는 것, 이해할 수 없는 것이 있다는 사실을 명심하는 것은 투자가로서 성공하기 위한 절대 조건이다.

반대로 투자에 실패한 사람들의 사고는 어떨까? 그들은 자신이 알지 못하는 것이 존재해서는 안 된다고 생각한다. 시장의 전부를 알아야만 한다고 스스로 몰아붙인다. 하지만 이런 사고는 실패로 이어지기 쉽다.

미래를 예측하지 말라는 의미가 아니다. 모호한 미래보다 자신의 멘탈이나 심리 상태를 확실하게 관리하여 수익 내는 것을 목표로 하라는 것이다. **미래는 어떻게 할 수 없다. 미래가 당신에게 미소를 건넨다면, 그것은 당신이 당신 자신의 멘탈을 완전히 장악할 수 있을 때다.**

성공한 투자가일수록 '내일의 시장 움직임은 도무지 알

길이 없나', '놀라도 상관없다'고 생각한다. 그만큼 자기가 움직일 수 있는 매수 타이밍과 옵션 조절에 집중하는 사고 방식을 익힌 것이다. 특히 이 마인드는 5장의 실천편으로 이어지는 중요한 사고방식이므로 확실하게 이해하고 넘어 가도록 하자.

마인드 ④

투자 예측의 절반은 들어맞지 않는다고 여긴다

주식 투자에서 성공하려면 상위 3퍼센트의 투자가처럼 시 장을 확률론으로 생각할 필요가 있다. 내일의 시장 예측에 중점을 두기보다 '전체의 40퍼센트는 실패해도 60퍼센트 만 성공하면 된다'는 마인드면 투자가로 성공할 수 있다. 더군다나 자산 형성을 목표로 중장기로 투자하는 사람의 경우에는 단기 예측이 빗나가도 전혀 상관없다.

시장을 예측한 결과가 맞는지 어떤지를 별로 중요하게 여기지 않으면 심각하게 멘탈이 흔들리는 일도 없다. 시장에서는 어떤 일 이든 일어날 수 있다는 사고를 갖도록 훈련한다. 불확실성을 허용

하는 것이다. 그리고 계속해서 바른 트레이딩을 유지하도록 의식을 집중한다.

그런데 패자의 사고방식은 이와 정반대다. '다음은 이렇게 될 것이다.' '이렇게 되지 않는 게 이상하다.' '저명한 투자가도 그렇게 말했다.' 이런 식으로 예측을 고집하면서 오히려 자신의 원칙이나 규칙은 바꾸어버린다.

나는 구독자가 20만 명에 달하는 투자 유튜브 채널을 운영 중이다. 날마다 20만 투자가의 욕망과 공포를 느낀다. 매일 많은 사람의 감정을 느끼고 있는 만큼 다른 사람보다 다소 예측하기도 쉬운 편이다. 그러나 예측은 하면서도 기대는 하지 않는다. 욕망이나 공포를 느끼지도 않는다.

이토록 흔들림 없는 멘탈을 갖기 위해 나는 어떻게 해왔을까? 당연히 수많은 성공과 실패를 경험했다.

이 책의 마지막에는 힌트가 마련되어 있다. 당신의 경험을 바탕으로 바른 멘탈 상태나 사고방식을 구축하려면 바른 트레이딩을 반복하면서 기술로서 습득해가는 방법밖에 없다. 이 점을 제대로 이해한다면 사실상 이 책의 역할은 끝난 셈이다.

같은 트레이딩을 100회 반복한다는 목표를 세운다

성공한 투자가가 되려면 바른 트레이딩을 반복한 경험을 통해 '성공 기법'을 확립해야 한다. 이것이 투자가가 성취해야 할 최종 목표라 할 수 있다.

지식은 필요 없다. 시장을 숙지하고 있다는 확고한 믿음도 필요 없다. 시장은 잘 알지 못하지만 나 자신은 잘 알고 있다. 결국 이런 투자가가 시장에서 계속 싸워나갈 수 있다.

투자에 성공했을 때도, 실패했을 때도 자신의 심리 상태를 철저히 분석해보자. 2장에서 설명했듯이 자기 책임으로 결단을 내리려면 일관성, 중립성, 초심 이 세 가지의 균형 감각이 중요하다. 그렇게 하지 않으면 투자가로 성공할 수 없다. 아무리 좋은 대학을 나와도, 재무 분석이나 계산에 강한 회계사나 세무사여도, 자기 감정을 조절하지 못하면 계속해서 성공하기 어렵다.

결론을 말하자면, 펀더멘탈 분석이나 테크니컬 분석은 최소한으로 하고 시장이나 종목을 파고드는 데 집중하면 충분하다. 원칙에 따라 일관성, 중립성, 초심을 잊지 않고 마음의 균형을 유지하면서 바르게 트레이딩하는 게 훨씬 중요하다. 바른 트레이딩 경험을 100회만 쌓아보자. 분명 성공할 확률이 올라가 수익도 함께 쌓일 것이다.

실천을 반복하여 이상적인 주식 멘탈을 손에 넣는다

여기까지 읽은 당신은 바른 트레이딩 기법을 습득하는 게 가장 어렵다고 할지도 모른다. 그래서 한 가지 힌트를 주겠다. 바로 '항상 자신을 관찰하라'는 것이다.

자신을 관찰하다 보면 '과거의 이 경험과 이 실패가 내 안에서 갈등을 일으키고 있다'와 같은 것이 보이기 시작한다. 그리고 그것은 바른 트레이딩에 부정적인 영향을 끼치는 주저, 갈등, 공포, 욕망, 과신 중에서 하나일 것이다.

자신을 관찰한 다음에 할 일은 관찰 결과를 받아들이는 것이다. 그리고 지금까지 소개한 행동 금융학을 알차게 활용하여 관리하는 노력을 게을리하지 말자.

자신을 관찰하고 받아들이는 것에서 시작

지금의 심리 상태를 종이에 적거나 냉정함을 유지했을 때의 트레이딩 순서를 벽에 붙여두고 수시로 읽고 실천하는 방법도 주식 멘탈을 손에 넣어 투자에 성공하는 데 효과적이다. 1회의 트레이딩만으로 완벽한 심리 상태에 도달하기란 불가능하다. 최소 100회 이상의 트레이딩을 기계적으로 반복해야 한다. 그렇게 바른 트레이딩을 반복적으로 실천하면 주식 멘탈이 추구하는 이상적인 심리 상태를 유지할 수 있다.

자신과 제대로 마주하여 멘탈의 약점을 극복하고 시장의 잡음에 개의치 않은 상태가 되어야 한다. 그래야 트레이딩에 집중할 수 있다.

CHAPTER 5

실전에서 통하는
주식 멘탈 투자법

주식 멘탈을
운용하는 구조를 만든다

마음 내키는 대로 행동해서는 투자가로서 성공할 수 없다.
욕망과 공포를 가득 안고 투자하는 것이나 다름없기 때문
이다.

욕망과 공포를 안은 채로 행동하지 않는 시스템, 당신
의 벽이 되어줄 구조를 만들 대책이 있어야 한다. 멘탈의
불합리성을 알고 나서 나는 '멘탈에 지지 않는 구조'를 다
양하게 만들어두었다. 이제 이 책의 마지막 장이다. 그래
서 내가 실제로 사용하는 '주식 멘탈을 운용하는 구조'를
몇 가지 소개하겠다.

구조 ❶

자금 조달을
일부러 늦춘다

나는 여유 자금을 하나
가 아닌 여러 계좌에 분
산하여 맡긴다. 솔직히
관리하기도 번거롭고 자
금 이동도 신속하지 않다.

수고할수록
냉정해질 시간을
번다.

　그런데도 굳이 성가시게 그렇게 하는 이유가 있다. 하
나의 계좌에 자금 전액을 맡기면 인출 후 투자하는 데 클
릭이나 터치 한 번이면 끝나기 때문이다.

　이 이야기에 고개를 갸웃하는 사람이 많을 테니 조금만

더 설명히겠다. 사금의 입출금이 너무 원활하면 비합리적인 판단이나 욕망을 억누르지 못한 멘탈 그대로 투자하기 쉽다. 잠시 모든 것을 멈추고 냉정하게 판단하거나 충동적인 행동을 피하고자 스스로 만류할 시간적 여유가 없다.

일부러 더 수고를 하면
그사이에 냉정해질 수 있다

한편 자금을 여러 곳에 분산시키면 다른 계좌에서 돈을 옮기거나 은행 창구에서 인출 후 투자할 때 시간이 걸려 투자하는 데 시간이 늦어질 수밖에 없다.

실제로 나는 이 구조 덕을 꽤 많이 보았다. 한번은 주가가 급락한 것을 보고 매수 자금을 마련하려고 했는데 시간에 맞추지 못해 낙담한 적이 있다. 그런데 다음 날부터 대폭락이 시작되어 전날에 투자하는 것보다 더 이득을 볼 수 있었다.

또한 언젠가는 계좌 비밀번호를 잊어버리는 바람에 증권사를 방문해야 했는데 다른 일들과 겹쳐 영업 시간을 맞추지 못해 사흘가량 흘려보낸 일이 있다. 그사이 나는 냉정하게 판단할 시간을 벌어 투자 방침을 수정했고 오히려 손해 보는 것을 피할 수 있었다. 결과적으로 이런 일들이 행운으로 작용하고, 시장이 크게 무너지면서 바닥을 친 후 싼 가격에 주식을 매수한 적도 한두 번이 아니다.

당장이라도 사고 싶은 타이밍인데 그 순간에 현금을 인출할 수 없다면 여러 수고를 하게 된다. 일부러 스스로가 수고하게 해보자. 자칫 대중 심리에 휩쓸려버리는 자신을 제어하는 동시에 냉정하게 멘탈을 관리할 시간을 가질 수 있다.

생각보다 늦게 찾아오는 큰 기회

물론 어떤 사람들은 "뭘 그렇게까지 번거롭게 하느냐", "그러다가 눈을 멀뚱히 뜬 채로 기회를 날려버린다"라고 반론을 펼지 모른다. 그렇다. 사실 모든 일이 잘 풀렸던 것은 아니다.

그러나 23년간 투자해오면서 큰 기회는 내가 생각하는 타이밍보다 늦게 온다는 믿음을 갖게 되었다. 또한 아무리 돈을 많이 벌어도 욕망을 분출하듯 트레이딩하면 분명 자산을 크게 잃을 게 뻔하다. 결과적으로 나는 성공하기 위해서는 무엇보다 자신의 감정을 관리하는 것이 매우 중요하다는 사실을 깨달았다.

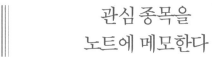

구조 ❷

관심 종목을
노트에 메모한다

이어서 관심 종목을 정리하는 팁을 알려주겠다.

나는 관심 종목을 평소에 잘 정리해둔다. 급락이나 폭
락할 때 초조한 마음으로 사고 싶은 종목을 찾기 시작하
면, 급한 마음에 멘탈을 제대로 제어할 수 없다. 시장이 차
분해지는 평상시에 비해 급락, 폭락 등으로 복잡한 상황을
나는 '전시戰時'라고 자주 표현한다. 전시에는 그에 상응하
는 대응이 요구된다. 아무리 투자 베테랑이라도 흥분 상태
에 빠지기 쉽기 때문이다. 따라서 평소에 '만일 급락이나
폭락이 일어나면 이렇게 행동해야 한다', '이 순서대로 종

목을 찾아야 한다'라는 행동 순서를 정해두거나 관심 종목 리스트를 따로 만들어 두면 좋다.

미리 만든 관심 종목 리스트를 읽으며 마음을 가라앉힌다.

이처럼 유사시의 행동을 정하거나 관심 종목 리스트가 있으면 아무리 전시라도 마음을 진정시켜 대응할 수 있다. 뿐만 아니라 싼 가격에 매수 타이밍을 노릴 수 있다.

내가 불편한 노트 메모를 고집하는 이유

나는 주가가 내려가면 사고 싶은 관심 종목은 증권사 시스템을 사용하지 않고 노트에 직접 메모한다. 사실 증권사의 시스템은 매우 편리하다. 클릭이나 터치 한 번으로 매매 화면을 불러내거나, 실적 추이를 열람하거나, 차트를 비교할 수 있다. 더군다나 대형 증권사는 대부분 서비스를 무료로 제공한다.

하지만 이 같은 서비스는 증권사의 매매 수수료를 벌어

들이는 효과적인 마케팅 도구에 지나지 않는다. 시스템의 편리성을 높여야 개인 투자가의 매매 빈도가 늘어 증권사의 수익이 커진다. 마트의 신선 식품 코너에 카레를 진열하거나 계산대 가까이 아이 눈높이에 과자나 장난감을 두는 것과 같은 원리다.

개인 투자가는 어떻게든 포지션을 만들지 않고 기회를 기다리는 구조를 만드는 것이 중요하다. 그 이유는 몇 번이나 이야기했다. 구조를 만들어보면 증권사의 편리한 기능과 투자가의 이익이 상반되는 관계임을 알 수 있다.

물론 증권사가 개인 투자가의 편의를 위해 시스템을 개선하거나 버전을 업그레이드하고 있는 것은 맞다. 다만 당신의 매수 타이밍이 너무 이르거나 욕망을 제어하지 못해 원래 사야 할 타이밍까지 기다리지 못한다면, 너무 편리한 기능 탓에 멘탈을 관리하지 못하고 있는 것이다. 나는 이런 상황을 사전에 방지하려고 일부러 불편한 아날로그 방식을 지켜가고 있다.

같은 실패를 피하는 구조를 만들자

나는 기본적으로 관심 종목은 노트에 적어두고 필요할 때마다 노트를 펼쳐서 읽는다. 매우 번거롭고 성가시지만, 그런 식으로 욕망이나 공포를 한번 가라앉히거나 손 글씨로 종목명을 썼을 때의 기억을 되살려 마음을 다스리는 구조를 만들어간다. 그 결과, 다른 투자가와 겹치지 않게 타이밍을 조절하는 데 도움받고 있다.

이것은 어디까지나 내 성격을 바탕으로 개발한 시스템이므로 모든 사람에게 전부 들어맞는다고 하기는 어렵다. 내 방법 이외에도 다양한 구조가 있을 것이다. 따라서 각자가 꾸준히 연구해야 한다. 나는 이를 '멘탈 관리의 구조 만들기'라고 부른다. 자신의 투자 원칙을 다시 점검하여 같은 실패를 피하는 자신만의 구조를 꼭 만들기 바란다.

투자에 성공하는
확실한 주식 멘탈 투자법

어떤 의미에서 주식 투자는 굉장히 규명하기가 어렵다. 그래서 나 자신도 아직까지 한 걸음 한 걸음 성장해나가는 중일 뿐, 어쩌면 이상적으로 여기는 최종 목표에 이를 수 없을지도 모른다고 생각한다.

그래도 한 줄기 빛이 어렴풋하게 보이기 시작했다. 그것을 이 책의 마지막인 여기에서 전하겠다. 당신이 시장 감각을 익히는 힌트가 되고, 동시에 그 과정을 빠르게 밟도록 해줄 것이기 때문이다.

최근 막 투자를 시작한 사람이나 앞으로 투자를 시작하

리는 사람에게는 이 내용이 무척 어렵게 느껴질 수 있다.
하지만 매우 중요한 사고방식이니 단편적으로라도 이해해
보도록 노력하기를 바란다.

욕심을 버리고
돈을 노린다

내가 생각하는 주식 멘
탈을 활용한 궁극의 투
자법은 욕심을 버리고
돈을 노리는 것이다. 욕
심을 버리는 것과 돈벌이 수

냉정해지기 위해
눈앞의 원칙과 규율을
지킨다.

RULE

단인 투자는 서로 모순 아닌가. '그렇게까지 억지로 폼 잡
을 필요가 있을까'라고 생각하는 사람도 있을 것이다. 물
론 나 자신도 돈을 벌기 위해 주식 투자를 한다.

나는 투자할 때 되도록 돈을 벌겠다 생각하지 않고 눈앞의 원

칙과 규율을 시키는 데 무게를 두는 심리 상태를 목표로 한다. 즉, 스스로 안정된 심리 상태로 냉정하게 있을 수 있도록 가능한 한 욕심 없이 있으려 한다.

기술과 멘탈에만 눈을 돌린다

물론 경험을 쌓지 않으면 그런 심리 상태에 이르기 힘들다. 단, 투자가가 평소 트레이딩을 훈련이라 생각하고 이미 소개한 반복 매매로 비슷한 심리 상태로 다가가는 것은 가능하다. 기술과 멘탈에만 집중하여 성공을 거둔 무욕의 상태란 바로 이 상태를 가리킨다.

성공과 실패에서 한 발짝 떨어져 어디까지나 기술 향상과 멘탈에 눈을 집중해보자. 그렇게 마음을 가장 잘 조절할 수 있는 상태로 만들도록 한다.

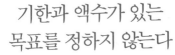

기한과 액수가 있는
목표를 정하지 않는다

나는 다른 책들이 추천하는 '주식 투자할 때 목표액 정하기'라는 원칙을 어떤 점에서는 부정한다. 이를테면 '내년까지 1억 원을 벌겠다', '5년 후에 10억 원을 달성한다'라는 식의 목표를 정하는 것 말이다.

이렇게 하면 마음속에서는 강한 욕망이 꿈틀대기 마련이다. 욕망을 갖는 것이 건전하지 않다는 말이 아니니 오해는 하지 말자.

목표 금액을 정하면 무의식중에 압박을 느낀다.

목표가 욕심이 되면 투자가 아닌 투기

만일 당신의 투자 기술이나 자금 유무를 떠나 단지 미디어나 투자 세미나에서 말하는 대로 목표액을 정하고 주식 투자를 계속한다면 어떻게 될까? 일단 자신의 멘탈을 관리하는 것은 확실히 불가능하다.

- 오늘의 실패로 1억 원을 모으는 계획이 틀어질지 몰라.
- 이러다 5년 후 명예퇴직할 계획이 좌절되겠어.

목표로 인해 무의식중에 압박을 느끼면 자칫 실패를 만회하려고 무리한 트레이딩을 하기 쉽다. 프로스펙트 이론의 손실 회피성 편향과 준거 의존형 편향이 작용하는 것이다. 그렇게 되면 지나친 욕심을 부려 투기에 돈을 대는 셈이다.

수정 가능한
유연한 목표를 세운다

내가 여러 조언을 했지만, 그래도 투자로 달성하려는 목표액을 정하고 싶다면 속도 기어를 변경할 수 있게 목표를 3단계로 나누어 궤도 수정을 반복하자.

주식 시장의 움직임을 좌지우지할 수는 없다. 당신이 조절할 수 있는 것은 자신의 감정뿐이다. 목표액이나 파이어 시기를 정해놓더라도 시장이 3년 정도 정체

하면 대부분의 계획은 좌절된다는 점을 기억하자.

주가의 등락은 시장이 정한다

돈은 복리로 점점 늘어나게 마련이다. 동시에 당신의 스킬과 경험도 복리로 늘어간다. 지금은 알지 못하는 것도 1년 후에는 깊이 이해할 수 있게 될 것이다. 지금은 할 수 없는 것도 1년 후에는 반드시 할 수 있게 될 것이다.

이처럼 목표액을 무리하게 세우지 않아도 이 책에서 소개한 세 가지 원칙인 '감정에 휩쓸리지 않고 일관성을 유지한다', '시장의 중립성을 안다', '바른 트레이딩에 대한 초심을 지킨다'로 투자 기술을 쌓아 멘탈을 지배하면 자산은 저절로 커져간다.

주식 투자에는 예측하기 힘든 불확정 요소가 크게 영향을 미친다. 그리고 무엇보다 주가의 등락은 바로 시장이 정한다.

주식 투자는
없어도 되는 돈으로 한다

내가 여태껏 수차례 강조
했듯, 손실이 발생하여
타격을 입었을 때 사람은
지금보다 큰 내기에 나서
시간과 비용 손실을 만회하려
고 한다. 그렇다면 어떻게든 멘탈을

손실을 만회하려는 투자가는 성공할 수 없다.

조절하여 냉정함을 유지해야 이런 심리적 편향의 출현을
막을 수 있지 않을까? 단적으로 이야기하면 욕심이 너무
많은 투자가는 욕심을 버린 투자가를 이길 수 없다.

너는 "주식 투자는 없어도 되는 돈으로 하라"고 자주 이야기한다. 실제로 나는 주식 투자로 수억 원의 자산을 날려도 별로 개의치 않는다. 물론 회사 경영자로서 임원 보수가 있고 책 인세도 있기에 어떤 의미에서는 남보다 내가 좋은 여건에 있는 편일지 모른다.

먼저 마음을 잘 다스려야
자산을 키울 수 있다

사실 나는 막 주식 투자를 시작하여 자산이 거의 없던 무렵부터 지금의 사고방식을 고수하고 있다. 인생은 재미있다. 주식이라는 분야에서 완전히 불사를 수 있어 좋았다고 자부한다. 애초에 돈에 집착하지 않았다고도 할 수 있다.

설령 아무리 자산이 줄어들어도, 시장이 폭망해도, 생각대로 차트가 움직여주지 않아도 초조해했던 적은 없다. 항상 내 마음을 잘 다스렸고, 습득한 기술을 반복하는 데 집중하며 이상적인 심리 상태를 유지할 수 있었다. 그 결과 지금까지 승률을 높여 자산을 늘렸던 것이다.

마음이 흔들릴 때는
투자에서 한 걸음 떨어진다

나는 마음이 크게 흔들 릴 때나 욕망을 억누르 기 힘들 때는 잠시 동안 주식 투자에서 거리를 둔다. 회사 일이 바쁠 때 는 일을 우선한다. 여행 가서도 투자 관련 일은 완전히 잊고 즐긴다.

마음의 재충전을 위해 잠시 투자 생각은 잊는다.

투자는 평생 하는 것이다. 강한 의지력을 발휘하여 시장과 하 나가 되려고 애쓰지 않아도 된다.

복심과 공포는 실패의 원인 제공

내 말에서 '투자'를 당신이 하는 일로 바꾸어 생각해도 다르지 않다. 도저히 멘탈을 다스릴 수 없을 때는 일단 일에서 멀어져보라. 휴일을 이용하여 레저를 즐기거나 여행을 떠나 마음을 쉬게 한다.

주식 투자도 마찬가지다. 투자가의 대부분이 그렇게 하지 못하는 이유는 주식 투자를 하지 않으면 손해 볼 것 같은 '닥치지도 않은 리스크'에 끊임없이 겁먹기 때문이다. 심리적인 편향이 일으키는 강박 관념이다. 그런 심리 상태의 투자가일수록 마음에 여유가 없다. 크게 실패할 가능성이 있는 시한폭탄을 안고 달리는 것과 다름없음을 아무쪼록 잊지 않기 바란다.

오랫동안
꾸준히 투자한다

오랫동안 꾸준히 투자하는 사람은 자신의 마음과 마주할 수 있는 여유를 만들 수 있다. 그런 의미에서 나는 젊은 사람이 적은 돈을 꾸준히 모아 적립하는 금융 상품에 투자하는 것을 긍정적으로 본다.

꾸준히 쌓아 올리듯이 느긋하게 투자하다 보면 욕망과 공포로 가득한 멘탈을 잘 관리하는 기술을 익히게 된다. 돈에 대한 특별한 감정(특히 집착이나 깊은 욕심)도 서서히 없앨 수 있다. 이것이 내가 젊은 사람에게 소액 적립식 금융 상품부터 투자할 것을 권하는 가장 큰 이유다.

빚내서 아닌 자신의 리스크 허용도뿐 아니라 돈이 얽혔을 때 자신의 리스크 내성, 즉 성격까지 알 수 있다. 그리고 주식 투자의 장점과 단점을 깊이 이해하게 된다. 젊을 때부터 하는 이런 경험은 능숙하게 자산을 형성할 수 있는 토대를 만들어준다.

시간을 내 편으로 만들라

물론 시간을 내 편으로 만드는 것은 간단하지 않다. 나 또한 지금의 심리 상태를 손에 넣기까지 오랜 시간이 걸렸다.

당연히 내가 투자를 시작했던 무렵에는 욕망이나 멘탈을 관리하지 못했다. 그 중요성조차 전혀 인식하지 못했다. 당시에는 인터넷 증권 거래가 막 시작된 터라 행동 경제학이나 행동 금융학을 알기 쉽게 다룬 서적이 아직 없었다. 행동 경제학이 이목을 끌기 시

마음을 관리하는 방법을 배우는 데는 시간이 걸린다.

작한 것은 최근이다.

결국 개인 투자가는 시간을 자기편으로 만들어야 한다. **오랫동안 시간을 들여 차분하게 투자하는 것은 자신의 마음과 마주할 수 있는 여유를 만들어낸다.**

- 무조건 장기 투자를 목표로 하지 않는다.
- 자신의 성격을 파악하고 나서 그에 맞게 방식을 바꾼다.

젊은 개인 투자가라면 이 말들에 귀를 기울여라.

투자가의 심리를
차트로 밝혀낸다

주식 멘탈적으로 해석한다면, 차트는 시장에 발을 들인 투자가의 다음과 같은 심리를 파악하는 데 매우 편리한 도구다.

- 어디에 향해 있는가?

- 어디에서 공포를 느끼는가?

- 어디에서 해소되었는가?(혹은 앞으로 해소될 것인가?)

투자가의 마음 분석 x 회사의 수치 분석

차트에는 투자가의 주저, 갈등, 공포, 욕망, 과신 등의 심리가 고스란히 형태로 나타나 있다. 주식 멘탈을 이해하고 능숙하게 활용하는 사람이라면 차트에서 주가의 다음 움직임을 파악할 수 있다. 진짜 사람의 마음은 가시화할 수 없지만 차트가 이를 대신 말해주기 때문이다.

과거 차트의 트렌드를 분석하면 '지금까지'와 '지금부터'의 사람 심리 중 앞뒤가 일치하지 않는 부분, 반대로 일치하는 부분을 명확하게 알 수 있다. 이에 따라 트렌드는 바뀌어간다. 그 트렌드를 사전에 파악하여 검증하는 분석법이 있다. 바로 차트를 활용하여 미래를 예측하는 테크니컬 분석이다.

하지만 차트만으로 시장의 동향을 전부 파악하기는 어렵다. 재무제표의 수치를 분석하고 어디에 투자하여 돈을 벌려고 하는지 사업 실태를 검증할 필요가 있다. 이것이 펀드멘탈 분석이다. 투자가의 심리를 철저히 분석하면서 데이터와 수치로 기업의 실태를 파악한다.

이 의미와 흐름, 순서를 확실하게 손에 넣는다면 투자

가르시이 프로세스가 명확해진다. 내 경우, 비율적으로는 테크니컬 분석과 펀더멘탈 분석을 7 대 3의 비율로 트레이딩하고 있다. 이 비율로 매수 종목이나 매수 타이밍을 정한다.

주식 멘탈은
평생의 무기가 된다

확실히 인간에게는 현명하게 합리적인 선택을 추구하려는 경향이 있다. 그렇지만 마음의 균형이 끊임없이 기울어져 다양한 감정에 지배당한다. 때로는 공포나 욕망 같은 멘탈의 요소가 사람을 비합리적인 행동으로 이끈다.

주식 투자는 결국 심리전!

연구자의 한 사람으로서는 인간을 그런 약점에 초점을 맞추어 살피는 것은 흥미롭다. 매우 재미있는 분야라고 할 수 있나. 하지만 투자가의 한 사람으로서는 마음의 균형이 깨지는 것이 동전의 다른 면처럼 큰 기회로 보인다.

많은 사람이 주저하다가 냉정을 잃고 행동한다. 이런 행동 패턴을 잘 알고 선수 친다면 큰돈을 벌 가능성이 커진다. 개인적으로는 인간의 본성인 약점을 뚫고 똑똑하게 수익을 쌓아 올린 투자가만이 많은 이익을 거머쥘 수 있다고 생각한다.

테크니컬 지표나 또 다른 여러 기술도 마찬가지다. 그것만으로는 주식 투자에 성공할 수 없다.

주식 투자는 시장에서 벌이는 심리전이다. 결국 상대의 심리를 읽는 쪽이 이긴다. 당신을 성공적인 투자가로 이끌 최강의 무기는 다름 아닌 주식 멘탈이다. 손에 넣으면 평생의 무기가 될 것이다.

누구나 상위 3퍼센트
주식 부자가 될 수 있다

사람들은 더 많은 행복과 만족을 추구하기 위해 주식 투자를 한다. 그러면서 한편으로는 항상 실패할까 봐 두려워한다. 이렇듯 욕망의 배후에는 공포가 있다. 먼저 이 관계성을 이해해야만 사람들의 투자 심리를 완전하게 이해할 수 있다. 수박 겉핥기식으로 대충 심리를 파악해서는 투자에 아무런 도움이 되지 않는다.

투자가의 욕망뿐이라면 자금 관리나 매수 타이밍만 철저하게 지켜도 충분하다. 문제는 욕망 뒤에서 공포심이 세

드로 당신의 마음을 자극하여 뒤흔든다는 점이다.

이 책에서 소개한 주식 멘탈은 욕망과 공포를 동시에 관리하는 테크닉이라고도 할 수 있다. 감정을 조절하는 구조를 손에 넣으면 주식에서 이기기 쉽다. 투자 세계에서 널리 알려진 행동 경제학이나 행동 금융학도 이런 사고의 연장선에 있다. 상위 3퍼센트 주식 부자의 멘탈 관리법을 익혀서 당신의 투자에 활용해보자.

누구나 멘탈이 있다. 또한 처음부터 멘탈이 특별한 인간이 있는 게 아니다.

주식 투자에서 성공을 이끄는 원칙이나 기술을 저해하는 심리적 단점들이 존재한다. 그리고 그것들은 당신 마음에도 있을 수 있다. 그렇게 이해하면 지금까지와는 다르게 트레이딩할 수 있을 것이다.

주식 투자의 결과는 전부 당신의 마음 상태를 비추는 거울 자체다. 결과에 나타난 주저, 갈등, 공포, 욕망, 과신을 있는 그대로 받아들여라. 그리고 이를 초월한 투자가야 말로 당신의 이상적인 모습이라고 여겨라.

이상이 이 책을 통해 내가 가장 전하고 싶었던 말이다.

전혀 어려울 게 없다. 이 책에서 배운 행동 경제학과 뇌과학의 지식을 받아들이자. 상위 3퍼센트의 주식 부자가 어떻게 멘탈을 관리하고 어떻게 트레이딩해서 돈을 버는지를 기술과 시스템 구축이라는 두 가지 측면에서 완전히 배우기를 바란다. 그리고 주식 멘탈 상태를 비추는 마음의 거울을 잘 갈고닦자.

마지막으로 상위 3퍼센트 주식 부자가 되는 것을 당신의 목표로 삼을 것을 당부한다. 이 책을 다 읽었다면 분명 가능하리라고 확신한다.

특별 부록

23년간 50억 원을 모은
비장의 투자법

이제부터 특별히 주식 멘탈이라는 최강의 무기를 손에 넣고 성공적인 투자를 지속할 수 있는 구체적인 투자법에 관해 이야기하겠다. 이는 내가 23년간 50억 원을 벌면서 얻은 것으로, 주식 투자에서 성공하는 데 매우 중요한 열쇠가 되어줄 것이다.

사람마다 자신에게 잘 맞는 투자법이 있다. 성격이나 자금량에 따라 이 투자법이 맞을 수도 맞지 않을 수도 있다. 그러니 내가 전하는 투자법을 본인 상황에 대입하고 비교하면서 읽어나가기를 바란다.

또 하나 중요한 것이 있다. 주식 투자는 아무리 책을 읽고 세미나에 참가하여 지식을 늘려도 실전에서 성공과 실패를 반복하지 않으면 성공할 수 없다. 지식 이상으로 멘탈 부분, 즉 공포나 욕망을 제어하는 게 중요하다. 아무쪼록 그 점을 잊지 않기 바란다.

자신 있는 전법으로 싸운다

투자가로서 성공하려면 반드시 자기가 잘하는 분야를 정해야 한다. 그리고 장기 투자와 단기 투자는 구분하도록 한다. 장기 투자로 저평가된 기업 가치나 투자 분야를 검토하여 가격 상승분을 기대할지, 단기 투자로 스윙차트의 변동을 노릴지, 당신에게 맞는 투자는 어떤 것인지를 파악한다.

투자도 비즈니스의 일환이다. 거의 모든 사람이 비즈니스에서는 자기가 잘하는 것과 못하는 것을 구분하여 커리어에 활용한다. 주식 투자도 마찬가지다.

단기 투자에서는 데이 트레이딩이나 스윙, 파도타기 스킬이 불가결이다. 손절을 엄격하게 하여 자금을 지킬 필요가 있다. 차트에서 사람의 심리를 읽어내는 테크니컬 분석 지식도 익혀야 한다. 격렬한 상하 운동 속에서 수익을 올려야 하는 만큼 손절이나 리스크 관리 등은 자신만의 분명한 원칙을 따르고, 또한 항상 멘탈을 당신의 지배하에 두도록 한다.

이에 비해 장기 투자에서는 주가가 내릴 때까지 계속 기다리는 수동적 자세가 투자를 유리하게 할 수 있다. 그런 식으로 시간 싸움을 벌이려면 기업의 재무 분석, 즉 펀더멘탈 지식을 쌓아야 한다.

물론 단기 투자에서도 장기 투자에서도 양쪽 스킬이 모두 필요하다. 내 경우에는 앞서 말한 대로 테크니컬 분석과 펀더멘탈 분석을 7 대 3의 비율로 트레이딩하고 있다.

투자법 ②

장기 투자는 기다림, 단기 투자는 손절이 중요하다

주식 멘탈을 활용하려면 단기 투자나 장기 투자 어느 쪽이든 상관없다. 단, 종목을 매수하기 전에 투자 시나리오를 세워야 효율적으로 수익을 올릴 수 있다. 가치 향상이냐, 가격 변동이냐를 정해두어야 한다.

나는 장기 투자와 단기 투자에서 성공하는 법칙을 따

로 만들었다.

- 장기 투자에서 가장 중요한 것은 기다림이다.
- 단기 투자에서 가장 중요한 것은 손절이다.

이렇게 장타든 단타든 자신만의 필승 원칙을 세우자. 감정에 휩쓸려 투자하면 실패할 확률이 커지므로 원칙을 세워 감정의 축을 확고히 해야 한다.

내가 잘하는 것은 장기 투자다. 트레이드 비율로 말하자면 자금의 80퍼센트는 장기 투자에 쓰고, 20퍼센트의 여유 자금은 단기 투자를 한다.

자주 하지는 않지만, 신용 거래로 레버리지를 걸거나 공매하는 경우 기본적으로는 단기 투자를 한다. 증권사에 지급하는 비용도 무시할 수 없기 때문이다.

밸류 투자는 그림자의 길이를 의식한다

장기 투자 종목을 찾으려면 기업의 실제 가치와 비교하여 저가주에 투자하면 좋다. 이른바 '밸류 투자'다.

주가는 사람의 심리가 강한지 약한지에 따라 흐름이 달라진다. 대중의 심리 상태에 따라 실체가 바뀌는 환영과도 같다. 초등학교 시절 과학 수업 때 어둠 속에 손전등을 비추어 벽에 물체의 그림자가 나타나게 하는 실험을 했던 기억이 있는가? 어떤 물체든 아래에서 손전등을 비추면 실제보다 그림자가 더 커 보인다. 주가가 본래의 가치보다 높게 평가되는 것도 이와 비슷하다.

반대로 위에서 빛을 비추면 본래의 물체 크기보다 그림자가 작게 보인다. 바로 주가가 본래 가치보다 낮아 보일 때라고 할 수 있다. 실제 가치보다 작게 보이는 타이밍에서 주식을 사면, 손전등의 불빛 각도가 바뀜에 따라 다시 투자가의 인기를 얻어 적당한 가치로 되돌아갈 것이 기대된다. 그 가치가 되돌아오는 타이밍에 팔면 차액이 이익이 된다. 이것이 밸류 투자의 기본적인 사고방식이다.

앞으로는 이 원리를 기억하며 투자 정보를 훑어보라. 만일 어려워서 잘 이해가 안 된다면 손전등 불빛과 그림자의 관계를 떠올리자. 그것만으로도 밸류 투자의 핵심을 알 수 있다.

투자법 ④

장기 투자할 때는 분할 매수한다

계속해서 확정 이익에 관해 이야기하겠다. 한 번에 모든 종목을 매수할 수도 있지만 나는 분할 매수를 추천한다. 전부 팔아버리면 현재 고가 부근의 주가에 눈이 익고, '준거 의존점 편향'이 작용해버려 다시 똑같은 저가로 돌아왔을 때 살 수 없게 된다. 그러므로 시장의 변동 감각을 유지할 수 있게 절반은 팔지 않고 그대로 둔다.

절반을 팔지 않고 그냥 두는 것으로 상승 시 더 많은 수익을 올릴 수 있다. 이전에 샀던 가격까지 내려가면 다시 사서 늘리기를 반복한다. 배당도 꾸준히 쌓아갈 수 있으니 장기로 운용하면 큰 이득이 된다.

내 경우에는 배당만으로 연간 5천만 원 정도를 번다. 평균 배당금이 바뀌지 않는다면 10년 운용에 5억 원이다. 이 배당이 유지되기에 주가가 다소 역행하여 손해를 보더라도 참고 장기 투자하는 것이 가능하다. 내게 배당은 이른바 '인내료'인 셈이다.

투자법 ⑤

단기 투자할 때는 확정 이익 원칙을 만든다

단기 투자는 자신만의 원칙을 확실하게 세워야 한다. 물론 장기 투자도 자신만의 원칙이 중요하지만, 변동폭이 곧 수익으로 직결되는 단기 투자는 원칙 없이 멘탈을 일관되게 유지할 수 없다. 그래서는 냉정하게 싸울 수 없다.

손절 원칙도 그중 하나다. 스윙이나 파도타기 같은 일정 기간의 변동폭으로 트레이딩을 하면서 천장과 바닥의 신호를 놓치지 않는 것도 중요하다.

그런 의미에서 단기 투자는 펀더멘탈 분석보다 오히려 테크니컬 분석을 중시해야 한다. 바람과 파도, 각각의 장점을 능숙하게 조합하여 파도타기를 하는 셈이랄까.

투자법 ⑥

투자 기간과 자금을 분산한다

단기 투자와 장기 투자 양쪽 모두에 도전하고 싶은 사람은 기간이나 투자 금액을 각각 명확하게 나누어 도전하도록 한다. 실제로 나도 그렇게 한다. 단기 투자 증권 계좌, 장기 투자 증권 계좌, 고배당 주식 투자 계좌, 미국 주식이나 투자 신탁 등의 ETF 계좌, 이렇게 목적별로 네 개의 계좌로 나누어 운용한다.

또한 일의 목적에 따라 우리 집 서재, 회사 사무실이나 회의실, 카페 등을 골고루 이용한다. 원고 집필은 대부분 좋아하는 카페에서 한다. 카페도 기고나 기획서는 가까운 스타벅스로, 비즈니스 서적 원고는 개방감이 있는 작은 고급스러운 카페로 목적에 따라 나누어 이용한다.

목적에 따라 분리해놓았기에 증권 계좌에 로그인할 때는 멘탈이 능숙하게 전환된다. 투자 목적에 맞추어 미리 자금을 분산했으므로 리스크 관리도 원활하다.

자금을 많이 보유하고 있으면 그 자체만으로 기분이 고양되어 리스크를 과하게 져버리기 쉽다. 복권으로 수십억 원을 손에 넣은 사람이 그 후 자산을 전부 날리고 파산하는 상황은 이 같은 심리 상태에서 비롯되었을 것이다. 만일 당신이 리스크 관리를 제대로 하지 못하는데 수중에 큰 자금이 있어 기분이 들떴다면 목적별로 계좌를 만들어 자금을 분산할 것을 추천한다.

투자법 ⑦

대중 심리의 반대 방향을 뚫는다

주식 멘탈로 성공하는 방법을 배워, 투자할 때 대중 심리의 반대 방향으로 움직일 수 있다면 초보자라도 비교적 승률을 높이기 쉽다. 주식이 폭등하면 당장이라도 보유 주식을 처분하려는 사람이 느는 것이 시장의 일상이다. 이에 비해 가격이 크게 떨어지면 반대로 싼 가격에 매수하려는 사람이 늘어난다. 이처럼 시장은 팔려는 사람과 사려는 사람이 서로 균형 있게 밀고 당겨야 비로소 거래가 성사된다.

주가가 폭락할 때 투자가의 90퍼센트는 주가가 아직 완전히 내려가지 않은 종목에 뛰어든다. 미디어에서 흘리는 "오늘의 하락세는 일시적이다", "전부 곧 회복된다"와 같은 뉴스를 믿고 말이다. 이것은 앞서 이 책에서 소개한 '메리트 확장 편향'의 영향 때문이다. 사실 이 와중에도 부정적인 정보를 전하는 투자가가 분명 있다. 이처럼 폭락장이라도 시장의 정보는 항상 강약의 균형을 취하고 있다. 하지만 듣기 좋은 정보만 수집하여 믿어버리는 편향에 사로잡힌 투자가는 폭락 따위가 올 리 없다고 맹신하며 주가가 조금 내려간 시점에서 주식을 사들인다.

반대로 팔려는 사람만 있고 사려는 사람이 없으면 연일 폭락으로 이어진다. 리먼 쇼크나 블랙 먼데이 당시

불과 몇 개월 만에 주가가 50퍼센트 가까이 폭락했다. 사는 쪽과 파는 쪽의 균형이 완전히 무너진 결과다. 이와 같은 시장의 상황을 두고 미디어나 프로 테크니컬 애널리스트는 하나같이 "미증유의 쇼크"라고 말한다.

그런데 주식 멘탈을 손에 넣은 성공한 투자가는 모두 정반대의 견해를 내놓는다. 시장의 균형이 무너져 주가가 크게 하락한 타이밍이야말로 좋은 종목이나 고배당주를 더 싸게 살 수 있는 순간이라고.

이 책에서 주식 멘탈을 배운 이상, 이런 시장의 맹점을 공략하여 균형이 무너진 순간을 기회로 바꾸거나 폭락을 절호의 기회로 삼아 매수에 나설 수 있는 투자가로 성장하기를 바란다. 실제로 나는 몇 번이나 폭락을 경험하면서 위기를 기회로 바꾸어 여태껏 주식 시장에서 퇴출되지 않고 자산을 늘릴 수 있었다.

주식 부자의
슈퍼 멘탈

초판 1쇄 발행 2023년 4월 1일
초판 2쇄 발행 2023년 4월 5일

지은이 가미오카 마사아키
옮긴이 장은주
펴낸이 박성인

기획 강하나
편집 눈씨
디자인 디자인안녕
마케팅 김멜리띠나
경영관리 김일환

펴낸곳 허들링북스
출판등록 2020년 3월 27일 제2020-000036호
주소 서울시 강서구 공항대로 219, 3층 309-1호(마곡동, 센테니아)
전화 02-2668-9692 | **팩스** 02-2668-9693
이메일 contents@huddlingbooks.com

ISBN 979-11-91505-23-8 (13320)